Universitäre

Bildung

大学教育の改革と教育学

Universitäre Bildung—Perspektiven ihrer Reform und Pädagogik

カール・ノイマン

Karl Neumann

監訳者●小笠原 道雄・坂越 正樹

東信堂

まえがき

カール・ノイマン

今日、自然科学、精神科学、社会科学、工学の全領域において、大学の学問システムおよび職業教育システムが——専門学科としての教育学も含めて——、数年前には想像できなかったほどの、大きな社会的関心を集めている。政治の学問化と学問の政治化とが互いに複雑に結合するとともに、そのプロセスが政治、経済、学問、メディアの新しい関係によって急速に進行するなかで、政治と経済の論理がこれまで以上に学問の世界に入り込むようになり、そのことの論理、道徳、社会的価値が学問的議論の対象となっている。

その際、経済のグローバル化の進行が、学問システムに対して根底から影響を与えた。学問は現代社会のもっとも成長の速い部分システムへと発展した。学問は、産業社会が科学社会へと変化するための中心的要素と見なされる。その経済的有用性という観点から、学問はいまや経済成長の請負人として、社会的・政治的な関心を集めているように思われる。学問がもつ真理性という基準とならんで、イノベーションという基準がますます前面に出てきている。

経済の中心的カテゴリーであるイノベーションによって、組織・制度・人間を経済的要請に適合させることが認識され、正当化されることになるのだが、このイノベーションとは、大学教育のフンボルト的理念が生まれたのとちょうど同じ時期以来、政治経済の中心概念となってきた。一九世紀以降、教育システム、とりわけ大学システムがイノベーション政策における重要な役割を担ってしかるべきであるという点については、議論の余地がない。けれども、教育システムにおいても増大する市場の圧力に直面して、次の点が議論の的となっている。すなわち、大学は自己の伝統的な教育構想のもとに、高度な責任能力と持続的な柔軟さを保持しながら職業活動の遂行のために理論に基づく行為能力を伝達するという意味で、イノベーションのために必要な能力を提供することが可能なのか、という点である。

経済システムと社会システムにおけるイノベーション力学が勢いを増すなかで、生涯学習の必要性が高まるとともに、学習内容・形態に関して確かな計画をたてることが難しくなってきている。こうした事態は、第一段階の職業教育における教育プロセスの形成にとって、とりわけ継続教育プロセスの形成にとって、広範な影響をもたらした。その結果、継続教育はまさしく経済システムと学問システムにおけるイノベーションの交点として見なされる。今日、工業および企業のイノベーション過程によって引き起こされるような学習問題は、開かれた自己調整的な(継続)教育プロセスの新しい学習文化によってのみ、首尾よく対処することができる。イノベーション的な教育が出発点とすべきは、フォーマルな学習における知識や能力の伝達とならんで、インフォーマルな学習ないしは経験を通した学習によって能力の発達が実現されるという点であり、そのことによって理論的・専門的な行為能力と職業能力が最善のものになるのである。ここに大学システムの改革、とりわけその継続教育の構想の改革を求める重大な要請が生じるのである。同時に一方で、伝統的な陶冶理念もまた、学習主体の批判的な自己決定と立場決定にとって不可欠であり、それゆえ次のような意識、つまり、経済交換の原理にしたがってすべてが――ましてや自己決定的な批判的学習プロセスが――思い通りになるわけでもないし形成可能なわけでもないという意識をもつために、不可欠である。その限りにおいて、伝統的な陶冶理念は依然として意味をもっている。

大学の学問システムは、今もなおそこにおいてイノベーション的な知が加速度的に生産されるのみならず、そのイノベーション的な知の功罪あわせもつパラドックス的な性格が批判的に省察されうるような、卓越した場所でありつづけている。というのも、ここでは単に生産手段あるいは役にたつ自己資本としての応用志向の学習プロセス、すなわち、獲得される知識や能力への目的合理的な関係の産出だけが問題なのではなく、常に主体的な意味創出もまた重要だからである。したがって、即時的な有用性という観点で学習内容がすぐに重要になったり無用になったりすることがあるとすれば、もっぱらイノベーションの要請に義務づけられた(自己)学習プロセスというものは、それ自体矛盾したものになり、それどころか破壊的なものになるように思われる。

ジャック・デリダは一九九八年にスタンフォード大学での講演で、「無条件の大学」のために情熱的な意見表明を行うなかで、大学が「それを思いどおりにし、それを包囲し、それを占領しようと狙っているさまざまな力に対して抵抗する際」の「無力さ」と「寄る辺なさ」を指摘している。そのうえで彼は、そうした指摘を次のような「社会的な場」を求める要求に結びつけた。つまり、「人という概念」、「人間と人間性一般の姿」を繰り返し「新たに」考えることが可能であり、また考える必要のあるような場が求められるのであり、そのことにより、人間性を「職業能力」(Employability) という属性によって経済的観点のなかに消滅させてしまわずにすむというのである。

とりわけ大学の専門学科としての教育学は、近年一段と強くマネージメント理論の要素を自己の構想に受け入れているのであるが、教育学は固有のやり方で、知の生産、理論に導かれた職業準備、学問システムにおける人間形成、という三者の調和のとれたバランスに向けて尽力せねばならない。教育学は、教授と学習の評価ならびにそれらの持続的な品質保証に向けて、自己の専門的見地から提言する必要がある。それは狭義には、大学教員の教授に関する継続教育を通して、広義には、学習内容・形態の教授学についての教育課程上の提案によって行われるものである。とりわけそれは、大学の学習過程における核心的要素としての専門を越えた能力の領域、ないしは鍵的能力(Schlüsselqualifikationen) の領域においても行われなければならない。

あらゆる教育分野での改革の必要性についての広範な議論において、さしあたり鍵的能力という学習領域に中心的な意義を認めることができる。一方での経済・労働政策と、他方での学問・教育政策とが、そこでは手を携えていくことになる。特定の実践的活動に直接的かつ限定的に関わっていくような知識・能力・技能ではなく、同時にオルターナティブな選択肢として多数の立場や機能への適応を可能にし、また生涯学習の過程で求められる事柄の（ほとんど予見不可能な）変化を克服するための適応を可能にするような知識・能力・技能が、教育システムと雇用システムの間の周知の適合問題を克服するために、切に求められているように思われる。

確かに今日まで「鍵的能力」という概念の統一的な定義は存在せず、繰り返し「空虚な決まり文句」としても口にされてきた。しかし、ドイツの大学での新しい学習過程は、認知的・コミュニケーション的・社会的な能力、責任感といった人格的特性、そして全般的な基礎知識、という三者を媒介するための相応の核心的要素がなければ、もはや立ち行かない。その限りにおいて鍵的能力という学習目標の領域は、すでに大学での勉学をめぐる改革論議の主題として、しっかりと定着している。ドイツの大学がもつ伝統的なフンボルト的陶冶の理想は、一見すれば、現代の実践志向の職業教育と矛盾しているように見える。けれども、自己学習とチームを組んでの学習を中心的要素とする鍵的能力の意義が認められるにつれて、「ヴィルヘルム・フォン・フンボルトのルネッサンス」（ウーリヒ・ベック）とさえ語られている。

さらに教育学は、大学のいわば羅針盤として、可能な限り現在の精神的発展のなかで未来の動向に対して影響を与えるという役割を引き受けねばならないであろう。そのためには教育学は、大学を次のような場へと、すなわち、現代の世界における方向づけのための新しい解釈モデルが熟慮されねばならないような場へと、大きく変えていく必要がある。教育学は、人間形成のプロセスを可能にするということが、社会化と個別化の相互作用のなかで基本的な人間的能力を生み出すような創造的で生産的な活動であるという点を、はっきりとさせねばならない。そこで言う基本的な人間的能力とは、単に学校や職業に関連した学習や知識を獲得するための基盤のみならず、経済的行為をも含むその後の活動すべてのための基盤を形成するものである。ただし、効率の向上という限定された論理にのみ基づくような経済的行為は、こうした人間形成のプロセスとさらには経済的行為それ自体の諸前提をも危険にさらすことになる。この意味において、大学教育は若い人たちを人間的な生活にむけて方向づけなければならない。その場合、教育学は、時間の単なる経済的利用のみならず、人間的な未来のための時間の形成としての、時間の生態学《エコロジー》をも受け入れることが重要である。そのことによって教育学は、今日の中心的テーマ、すなわち時間との関わりというテーマを、批判的・反省的に媒介することが可能になる。最後に、教育学は将来を方向づけるような知識を準備する際に、自己の誤った道を批判的に分析することに対しても、常に開かれた態度を保たねばならない。そのことは例えば、第一次および第二次世界大戦との関わりで、精神科学的教育学の内部で軍隊教育学の構想が形作られていく過程での、自己の役割を省察することによって明らかとなりうる。その場合、「陶冶とは人が責任を担いうる状態である」（エーリッヒ・ヴェーニガー）という自らに課された要請を基準にして自己自身を常に吟味することが重要である。

本書に収められた論文は、テーマのうえでは多様なアプローチを示すものであるが、依然として自律的機能を要求するような大学教育システムの未来を構築することを目指して、伝統と近代化を陶冶論的に根拠づけながら統合しようとする系統的試みの過程で集められたものである。その際、とりわけ精神科学と教育科学の領域においても、実際に改革が必要であるということを認めるとするならば、大学がもつ資源を、許容できる範囲で経済的に利用することは、限界性と同時にチャンスとしても理解される。未来志向の大学教育にとっての重要性、ないしは正当化の基準となりうるのは、最終的には市場によって規定される「職業能力」の最善化ではなく、批判的・解放的教育の伝統のみであり、同時に哲学的・教育学的パラダイムへの責務のみである。そうした責務は、ドイツのみならず日本の大学教育学においても、長期間におよぶ、直接的な相互交換のなかで発展する議論をよりどころにすることが可能である。

ドイツ学術振興会（DFG）ならびに広島、京都、兵庫教育、鳴門教育の諸大学の方々には、放送大学広島学習センター所長、小笠原道雄教授のイニシアチブにより、多大な経済的支援を頂戴することができましたことに対して、厚く御礼申し上げます。それにより、二〇〇三年の秋に二週間、講演と研究のために日本に滞在するなかで、ドイツと日本での多くの友好的な関係のなかで発展させてきたこうした議論を、大いに進展させることができました。私にとりまして非常に光栄で喜びとなりましたのは、こうした講演と対話のなかから、今日のドイツにおける大学教育学の中心的な挑戦とテーマ領域に関する私の研究を、論文集にまとめて発表してはどうかという申し出がなされたことです。またそうした申し出を、東信堂が快く引き受けてくださいました。本書が成るにあたってご協力いただいたすべての日本の同僚の皆さん、とりわけこの度の企画全体を精力的に導いてくださった小笠原道雄氏、とても骨の折れる翻訳の仕事をお引き受けいただいた木内陽一、山名淳、渡邉隆信、小林万里子、白銀夏樹、大関達也の諸氏——このうち木内氏と渡邉氏には私の日本滞在期間中、非常に周到な用意のもとに付き添っていただきました——、また責任をもって私の日本旅行の準備をしてくださったのみならず、本書の最終的な編集作業に対してもご配慮いただいた坂越正樹氏に、心より御礼申し上げます。

二〇〇四年七月

大学教育の改革と教育学／目　次

大学教育の改革と教育学

第1章　知の生産、職業能力と教育
――生涯学習社会における大学の挑戦――

1　フンボルトの大学――生か死か？――

今日、国家の経済・社会システムがますます世界的規模での競争を繰り広げている。そうしたなかで生じる市場の圧力に直面して、それぞれのシステムがもつイノベーション能力への問いが、これまで以上に――とりわけ政治経済的関心の――前面に押し出されている。世界で「勝ち抜く」ために満たされねばならない諸条件が、ますます徹底的に吟味されるのである。イノベーション能力と知的優位性とが直接相互に関連していることは明らかである。それゆえに、知が生み出される場所、つまり教育機関や継続教育施設、とりわけ大学を効率的・経済的に再構築することが、世界的なイノベーション政策の支配的なテーマとなっている。つまり、大学の再構築が経済政策の面においても大学政策の面においても、支配的なテーマとなっているのである。ドイツでは、大学とは、過去においても現代においても、学問的真理の理想像によって導かれる自由な研究と教育の場であるというフンボルトの理念に、とりわけ依存してきた。今日その大学は、イノベーション能力という経済的限定によって、ますますアンビバレントな位置に押しやられているように見える。

大学とは元来、新しい知の継続的な生産を通じておのずと近代化とイノベーションの先端に位置するという自己理解を、明確な原理としている。そうすることで、大学は数百年にわたり――経済的な意味においても――進歩の原動力たらんとする自らの要求を、程度の差こそあれ自明なものとして主張することができた。ところが今や、大学は、ますます「非効率的」であるという非難にいっそう頻繁にさらされているように見える。少なくとも、創造的な真理発見のプロセスが「競争に耐えうる創造性」(Albach 1989, S.1348) という経済的基準に基づいて測られるとするならば、そうである。したがって、遅くとも一九九〇年代以降は、大学改革のコンセプトがより強く経済理論に基礎を求めるときにのみ、イノベーション政策的には筋が通っているように思われる。大学にとっての「新しい制御モデル」が、企業経済的に刺激されることによって、市場における経済企業の業績構造・財政モデル・制御メディアを大学システムに転用することを目指していることは、ますます明らかである (Hoffacker 2000)。大学のイノベーション能力が衰えていることに対する批判は、「フンボルトの大学は死んだ」という――とりわけドイツでは挑発的な――確認の言葉で頂点に達する。

「フンボルトの大学は死んだ」というテーゼについては、例えば学術・研究・技術大臣を務めていたユルゲン・リュットガースが、一九九七年一〇月三〇日のドイツ連邦議会において大学大綱法への条項追加の議案を提出した際に、とりわけ力をこめて明言している。リュットガースは、「学問と経済の密接な結びつきは、フンボルトの理念をすでに前世紀のうちに目に見えて空洞化させた」という認識から出発する。そもそも重要なのは、こうした「密接な結びつき」をはっきりと受け入れることであり、つまりは、高等教育制度の主要課題として、大学を経済の諸要求に合致させるようにすることであり、大学をこうした課題のために「すみからすみまで役立つ」ようにすることだというのである。したがって、彼は条項追加の根拠を次のように説明している。この意味において「大学制度の改革を迅速に実現することは」、「ドイツの経済的地位と学問的地位のさらなる向上にとって大きな意味が」あると(Rüttgers 1997, S.19)。

同様に、同年のドイツ産業連邦連合会の勧告は、大学を「ドイツの経済的地位と学問的地位を支える柱」にすることが大学制度の根本的改革の目的でなくてはならないと述べている(Bundesverband der Deutschen Industrie 1997, S.8)。産業側ならびに雇用者側の希望は明確である。つまり、「専門教育や研究開発における大学のはたらきは、将来的にはこれまで以上に、経済や社会からの期待や必要によって方向づけられねばならない。そのことによって、あらゆる課題領域において、とりわけ大学での学習内容をさらに発展させる際に、より強固な協力を行うことが求められる。さらに……大学の外で習得した能力によって学問的キャリアへの通路を開くことが提案される」。大学には次のことが要求される。つまり、「研究者を育てるために……専門教育を行うのではなく、応用実践の分野における関連する職業活動のために能力形成すること」が要求されるのである。研究に対して期待されるのは、それが「これまで以上に基礎研究を越えて、企業と一体になって応用志向の共同作業を行うなかで、恒常的なイノベーションや学問と経済のさらなる発展のための基盤を提供することである」。大学は、自らを「地位向上のための重要なパートナーとして（理解）することが求められ、地域の経済的、社会福祉的、公共的関心において結びつけられ、また地域の境界を越えてより大きなネットワークへと組み込まれるのである」(Bundesverband der Deutschen Industrie 1997, S.36; S.10)。

学問システムの支配的な構成要素である大学において、要求される絶え間ないイノベーションという機能を確保するためには、上述の通り、リュットガース大臣は――また少なからぬ者が彼のこの勧告に従っているのだが――「フンボルトの大学は死んだ」というテーゼから出発することが、筋が通っておりまた未来を指し示すことになると考えている。先に見た発言のなかでさらに彼が勧めるのは、こうした死を「しっかりと自覚することであり、そうすることによって、現在の教育制度に投げかけられる新しいさまざまな要求のために、頭と心を解放することができるのである」(Rüttgers 1997, S.19)。

いまの科学大臣に対して、フンボルトの教育理論的著作についての、とりわけ高等教育制度の内外の組織に関わる諸活動(Humboldt 1903 ff., Bd.X und Bd.XIII)についての、詳細な知識を期待することは、おそらく過大な望みであろう。けれども、その大学理念を含めてフンボルトの教育概念の死亡宣告を行う際には、一層の慎重さと注意深さとが求められてしかるべきであろう。さもなければ、「『学習する生活を若者に受け入れさせること』を教育制度の新しい、これまでに存在しなかった課題と見なすという考え」(Morkel 2000, S.13) には、彼はなかなか思い至らないであろう。すでにフンボルトはこう説明している。「若者は、学習素材を……一部はいますぐにも実際に集め、一部は将来随意に集めてみるという状況に置かれねばならない。……したがって若者は二重のやり方で、つまり一度は学習そのものに、ついで学習することの学習に関わるのである」(Humboldt 1903 ff., Bd.X, S.261)。

確かに、フンボルトをむやみに鍵的能力形成 (Schlüsselqualifizierung) という概念や生涯学習の創始者として申し立てることは、同じく早計であろう (Belz/Siegrist 1997; Klippert/Lohre 1999; Orth 1999)。けれども疑いなく――そしてスタンフォード大学の当時の学長としてひとかどの専門家であるガーハード・カスパーもまた、こうした意味において繰り返し、今日の大学改革の基準点としてフンボルトを引き合いに出している通り (Schlicht 1999) ――研究と教育の結合に基づいて、学問的真理を目指す自由な探求を義務づけられ、けっして「終結せずまた解決されることのない知識」(Humboldt, a.a.O.) が媒介されねばならない場所としての大学というフンボルトの考え方においては、大学は絶えざるイノベーションの拠点として際だたされている。それゆえ、リュットガース的な(先入)観とは対照的に、フンボルトにおいてはすでに理想型としては、大学というものによってイノベーションの考え方が構想されており、そうした考え方は現在、学者、政治家、経済の代表者などすべての者にとって、きわめて重要となっている。研究に関わる教育と学習というフンボルトの考え方によってすでに(既述の通り、彼自身は今日ではほとんどインフレを起こしている「学習することの学習」という概念を使用している)、ある問題が示されていることはまったく明らかである。その問題とは、教育についての現代の議論においては――教育の内容面や組織面がますます経営学の用語によって危険にさらされているのであるが(Uhle 2001)――例えば「イノベーション」ないしは「イノベーションへの能力」という概念によって理解されねばならないものである。それゆえ、はたしてスローガンは単に「フンボルトに返れ」や「フンボルト健在」といったものでいいのか。

現在、教育システムがさらされている「市場」の圧力が増大している状況にあっては(Hoffmann/Maack-Rheinländer 2001)、たとえフンボルトが大学教育という自己の考え方に、市民的有用性の確立、今日のマネージメントの用語では職業能力(employability)の確立という意味での経済的含意をまさに結びつけていたことがここでも指摘されねばならないとしても(Menze 1975, S.250ff.)、フンボルト的な教育概念をそのように単純に受容ないしは継続することは疑いなく早計であろう。明らかに、学問・教育システムの環境としてのポストモダンのグローバル化社会における生産・雇用状況は、知の生産と媒介ないしは知のマネージメントの問題もまた新しく設定されねばならない程度に、変化してしまっている。こうした文脈において、「イノベーション」概念は広範に使用されているのである。

2　経済システムにおけるイノベーション力学と帰結としての生涯学習

「イノベーション概念は一般に好意的に受け止められる。……その概念は近代性を示す保証人である」(Faulstich 1998, S.57)。他の多くの人々とともに(Thom 1980; Staudt/Kottmann 2001)、ペーター・ファウルシュティヒは「イノベーション」の機能と地平を体系的にスケッチしようと試みた。その作業は、「『進歩』という思想や『改革』への刺激が消耗することによって残された隙間をふさぐために、イノベーション概念を補充する」広範な努力を背景にして行われた。「イノベーションが新しい仕事場へとつながり、消費の機会を拡大し、学校や大学を変える――ように思われるのである」(Faulstich 1998, S.57)。そして生涯学習と継続教育とが、教育領域におけるイノベーションの中心領域として現れる。

中心的な経済カテゴリーとしてのイノベーションによって、組織・制度・人間を経済的要請に適合させることが理解され正当化されることになる。そうしたイノベーションは一九世紀以来、それゆえフンボルト的な大学の考え方が生じはじめた時期以来、理論的には資本主義的社会形成の発展過程に関連づけて再構成されてきた。例えば、すでにカール・マルクスとフリードリヒ・エンゲルスの『共産党宣言』には次のように書かれている。「固定した、さびついたすべての関係は、それにともなう古くてとうとい、いろいろの観念や意見とともに解消する。そしてそれらがあらたに形成されても、それらはすべて、それが固まるまえに、古くさくなってしまう。いっさいの身分的なものや常在的なものは、煙のように消え、いっさいの神聖なものはけがされ、人々は、ついには自分の生活上の地位、自分たち相互の関係を、ひややかな眼で見ることを強いられる。自分の生産物の販路をつねにますます拡大しようという欲望にかりたてられて、ブルジョア階級は全世界をかけまわる」(Karl Marx Friedrich Engels Werke 4, S.465／大内他訳『共産党宣言』岩波書店、一九七一年、四三‐四四頁)。

ヨゼフ・A・シュムペーターは、「資本主義的機械を作動させ動かしつづける」力学を「新たな消費財、新たな生産方法ないし輸送方法、新たな市場、新たな工場組織の形態」を求める絶え間ない探求として、すなわち、不断に経済構造に内側から革命をもたらし、不断に旧来の構造を破壊し、不断に新たな構造を創造する」変異過程として分析した。こうした「創造的な破壊」(Schumpeter 1972, S.136ff.) は、既成の問題解決ストラテジーの廃止を通して刷新の前提となる。刷新の過程は技術的・経済的イノベーションにのみ限定されるのではなく、社会現象をも含んでいる。「社会的イノベーションとは、目標を達成する新たな方法であり、とりわけ新たな組織形態、新たな調整方法、新たな生活スタイルである。それらは社会変化の方向を変え、問題をそれ以前のやり方よりもうまく解決し、またそれゆえに模倣され制度化されるだけの価値がある」(Zapf 1989, S.177)。

現代の変化した世界経済の状況は、キーワード的に言えば、新しい質のグローバル化、加速するイノベーション力学、価値創造と職業とのサービス分野への移行の増大、広く拡大した情報化、労働・交換プロセスのネットワーク化といったもので特徴づけられる。こうした状況においては、経済システムにおける「創造的な破壊」が企業の運営や生産モデルの根本的再構築につながってきた。その根本的再構築は、機能や職業に関連づけられた従来型の企業組織や労働組織から、プロセス重視のそれへの方向転換によってますます特徴づけられている。「新しいグローバルな競争のなかで存続しうるために、企業は、高い品質、顧客にとってのさらなる親しみやすさ、より迅速なイノベーション、よりお買い得な価格設定を、同時に達成しようとしている。このいわば『魔法の四角形』は、一層プロセスを重視することによって、企業運営をコントロールする際の変化に対応したマネージメントを現実のものにしようとする。そのための主要な手段は構造のラディカルな柔軟化であり、それは具体的には、状況特殊的に導入されるアウトソーシングとインソーシングによって、脱中央化と多機能な構成単位(利益センター)の創設によって、機能横断的な連携の強化と各職業に典型的な課題特色の緩和とによって行われる」(Baethge 2001, S.61f.)。

加速するイノベーション力学は、課題や責任の脱中心化を伴う。それによって、経済システムの内部で活動する人間がもつべき、自立性、自己組織、調整及びコミュニケーションの能力への要求が高まってきた(Gerst 1998)。労働組織において自由裁量の余地が拡大することや、自己の労働力の投入に関して自己組織と責任の度合いが増すことに対する革新的な解答として見なされるのは、労働力の構造的な新しいタイプの登場、すなわち「労働力の個人事業主」の登場である。それは、これまで支配的であった「職業化された被雇用者」という形態に代わりうるものであろう(Voß/Pongratz 1998)。今日、市場の動向を予測することはますます困難であり、また市場の動向次第でどのような能力が要求されるかが決まってくる。そうした状況では、経営上の組織・リクルート・従業員開発のストラテジーの変化に対して効果的に対応するためにも、自己の能力形成へのイニシアチブと責任はたえず増大しているのである。

イノベーションの要請に答えねばならないマネージメントについては、次のような結論が導かれる。すなわち、新しい知識と能力が要求されればされるほど、例えば、外部の専門的な知識と能力が「仕入れ」られればられるほど、統合やコミュニケーションへの要求はいっそう高まり、それは企業組織や場合によっては継続教育のプロセスによって満足させられねばならない。諸課題の複雑さが増大している状況というものは、自らの課題に本人がアイデンティティを感じているような協力者たちによってのみ克服されうるがゆえに、関与者にとっては相当な学習プロセスが達成されねばならないことになる。

「生涯学習はもはや単なる教育ないし職業教育の一側面ではなく、それはむしろ、学習の文脈全体において受容と供給とが準拠する根本原則となる必要がある。ヨーロッパに暮らすすべての人間は――例外なく――、社会的・経済的変化からくる要請に適応し、ヨーロッパの未来の形成に積極的に参加するための、同等の機会を手にしなければならないであろう」(Memorandam der EU 2000, S.3)。

生涯学習についてのヨーロッパ連合(EU)の覚書は、何が実際に要請されているのかを、政策的に公式化している。「人々がその能力水準を高め、急激に変化する科学技術的・構造的状況をうまく処理するという、社会的・経済的な必要性が存在する。……前提とされる社会的必要性に比べると、個人的な欲求や関心、個人的な能力といったカテゴリーは後退する」(Conein/Nuissl 2001, S.71f.)。経済システムと社会システムにおけるイノベーション力学が加速するなかにあって、生涯学習の必要性が増大し、また学習対象や学習内容に関する計画が立てにくくなっている。そうしたことは教育プロセスの形成にとって、とりわけ継続教育のプロセスの形成や、個々人の(継続)教育に対する態度にとって、非常に大きな帰結をもたらすのである。

3　経済システムと学問システムにおけるイノベーションの交差点としての継続教育

生涯学習という考え方に対する大学の具体的貢献は、これまでのところ比較的散漫としていた(Landfried 2002)。連邦教育・研究省は、上述のＥＵ覚書に対する態度表明において次のように述べている。「急速に変化する職業的・経済的活動の細分化と専門化、ならびに、即座に変わってしまう個々人の生活状況によって、――しっかりとした基礎教育のあとに――特化されていてしかもフレキシブルな教育の提供や、他の領域との連携のための教育施設の開放が求められる。情報の量と複雑さが急速に増大することによって、ますます多くの知識の方向づけと組織化(メタ知識)が必要となる。こうした点では、伝統的な教育は、内容、組織、伝達方法に関して、いちじるしくイノベーションの圧力を受けることになる」(BMBF 2001, S.7)。だが、これまでのところこのイノベーションの圧力は、大学のカリキュラム計画や組織・権力構造の変化として持続的に表れることはなかった。生涯学習という考え方をあえて現実化しようとすることは、むしろ逆に矛盾として特徴づけられる。というのも、一方で伝統的に、ドイツの大学制度に内在する特徴、例えばすでにフンボルト以来実践されているように、学問と対決するなかで自立的で自己規定的な学習へと勉学を導くという形態が存在する。それはおのずと学習することの学習に貢献する。他方で、生涯学習はほとんどもっぱら、学問的な継続教育の領域と同一視されるのである。その結果、「大学での勉学修了の段階が生涯学習の全体構想の現実化のために実際に提供する機会は、これまでのところほとんど認識されず、ましてや生涯学習という全体構想が現実化されることもなかった」(Lischka 2002, S.29)。例えば、大学で学んだ基底となる勉学内容と継続教育的な勉学内容との結びつきを密にするということも、なされてこなかったのである。

(学問的な)継続教育がおおいに重要性を増してきたことは疑いようがない。にもかかわらず、とりわけ大学の多くの主体は「支援と封鎖の間」(Lischka 2002)の中間地帯に留まったままである。しかるべく構想された継続教育、いわんや現実化されたプロセス重視の継続教育というものは、依然として不十分である。そのことは大学の継続教育施設においても、目下さかんに設立されている経済界のしかるべき施設においても同じである。市場によってその育成が早急に求められる、特殊で経済的なイノベーション能力がまさに必要であると仮定するならば、これまでのところ既成の継続教育制度はとりわけこうした点ではほとんど革新的には働いていないということだけは確かである。

学問的な継続教育が大学にとって比較的親密な顧客をこれまで以上に顧みないならば、それが学習プロセスにおいて対象を媒介するのに困難を抱えることは明白である。「現実の問題や日常生活に関係しているということは、学問知の厳密な修得を構成するメルクマールではないし、またそのことは可能でも必要でもない。だが、仮に参加者を重視する継続教育が提供されねばならないとすれば、教授・学習プロセスにおいてこの学問知を伝達することは、本質的かつ困難な課題である。」(Nuissl von Rein 2002, S.25)

すでに一九八〇年代初頭に、例えばギュンター・ドーメンによって実践と参加者の重視という点から要求された継続教育の内容構造の根本的な諸変化が、今日まで広く大学教育の前提とされてきたということは、容易に証明することができるであろう(Dohmen 1996)。その際、学問システムにおけるイノベーション力学の加速に直面して、実践と参加者の重視という要求がまったく新しい性質を帯びてきた。学問システム、そしてまたそのなかで組織される最初の職業教育ならびに継続教育に対して——とりわけ高度な知の生産を通してイノベーション促進的な学習プロセスを準備することを任務とするという伝統的な課題要請のもとで——新しい次元の要求が提出されているのである。そして、そうした要求は原則的には、例えば能力開発の新しい学習文化や自己組織的学習を創出するためのカリキュラム上の方針というかたちで（Erpenbeck 2001）、あるいは新しい学習内容のクレジット化というかたちで（Lischka 2001）、取り上げられている。むろんその際、あらゆる個人的および社会的学習問題、つまり人間形成の問題を「時宜にかなって」解決するのに役立つプログラム手段としての、古くからの「継続教育神話」（Staudt/Kriegesmann 2000）とは、縁を切らねばならない（Zabeck 2001）。大学はむしろ、自分たちが成人の学習者の高度化する要請に対して教授学的かつ方法論的に応えうる状態にあるのかどうか、批判的に問い直す必要がある。「大学は自ら教育において、実践や学習者の日常生活から出てくる問題に対して適切に考慮する用意ができているのか、またそれが可能なのか。大学は質の高い教材を現代の教育方法上のさまざまな機材と結びつける能力を有しているのか。大学は自己の教育内容をそれぞれの受講者、参加者、学習関心に応じて変えているのか」（Nuissl von Rein 2002, S.23）。

これまで大学やその他の数多くの担い手による制度化された継続教育というものは、長期的に求められる能力の生産ないし再生産が問題とされる場合には、常に間違いなく有益なものであると証明されてきた。その際の継続教育は、現状のないしは既知の諸要求に沿って行われ、それらの要求は手持ちの能力特性に対して立案され必要に応じてしかるべく準備された措置によって満足させられる。

技術的・組織的・社会的領域においてイノベーションの要求が加速するという条件下で、変化を求める圧力や複雑性が増大しているとするならば、適切な能力形成のための措置を固定することは以前よりもはるかに困難である。いかなる能力の向上が求められているのかを一律に規定するという伝統的モデルがかかえている構造的欠陥は、「構造変化が加速する段階においては、活動を鈍らせ、その活動の効果を不確かにする。諸要求の規定がなされるのは、継続教育の取り組みがすでに有効になったにちがいないと思われる時点である。したがって、必要とされる能力が自由に使えるまでには、いつも時間のずれをともなっているのである」(Staudt/Kriegesmann 2000, S.583)。経営の現実においては、急速な技術的変化があった場合には、新しい科学技術に熟達するための能力は時間的な遅れをともなってしか獲得されえないという理由で、常に従業員を事後的にしか投入できないという状態である。継続教育はこうしたハンディをかかえてますます、慢性的に時機を逸するおそれがある。継続教育の内容がまさに能力の向上過程の現状に向けて構想されるとするならば、技術的・経営的イノベーションに基づいて新しい能力形成を求めることが、いま再び必要になってきたのである。

これまで受け継がれてきた継続教育の内容は「学習のストック」に立脚している。しかし、学習問題を引き起こす技術的・経営的イノベーション過程は、最終的には自己調整的な継続教育過程によってしかうまく対応できない。動的な能力の向上過程はその向上過程自体のなかで新しい能力を打ち立てることを要求する。イノベーションに関わる教育は、フォーマルな学習における知識と能力の媒介とならんでインフォーマルな学習ないしは経験による学習を通して能力向上が実現される、ということを出発点とせねばならない。伝統的な継続教育の学習の場で獲得される能力というものは、減少する。「労働の過程での学習、(家族や友人、クラブ、そして組合や団体といった)社会的環境での学習、そしてますますインターネットでの学習やマルチメディアの助けを借りての学習が、能力向上にとってしばしばより重要である」(Erpenbeck 2001, S.209)。経営上の革新過程の制御は次の点から出発せねばならないことになる。つまり、能力の向上とは、不足している知識と能力が診断され、次いでそれが継続教育施設におけるフォーマルな教育によって媒介されうるといった、単純な適応の問題ではけっしてない。そうではなく能力の向上とは、新しい学習文化のなかで自己組織的に、かつ過程を重視しつつ獲得されねばならないという点である。ここに、大企業がますます独自の「アカデミー」「カレッジ」あるいはさらに大学を創設していることの原因の一つを見いだすことができるであろう(Güpner 2000)。

論理的には、イノベーションを重視した継続教育は、個々人の学習世界ないしは学習要求と企業による過程重視の能力開発との間の制度的分離を解消しようと試みねばならず、また学習と労働の結合における新しい形の経験の構築や自己組織的な能力向上過程を支援せねばならないであろう。受け継がれてきた教授・学習文化からの出発といったことを可能にしながら、従業員・組織・企業の発達を統合するためには、エーリヒ・シュタウトが指揮する応用イノベーション研究所(在ボッフム)の提案にしたがって、「パルチザン戦略」のようなものが必要となってくる。

ここで言う「パルチザン」としては、例えばルーティーン組織から切り離されたプロジェクトグループが考えられる。「それはテクノクラシー的な従業員養成の試みや巨大な参謀本部から距離をとる。というのも、そうしたものが援助もしくは干渉するところでは、パルチザン部隊はすでにその機能を失っているからである。これらの部隊は障害を克服し、委員会や円卓ではけっして議論の対象にならないようなリスクを引き受ける。それぞれの部隊は自立しており、十分に調整された組織やうまくコントロールされた組織ではもはや生まれえないような企業精神をもつ。また部隊内ではお互いに頼らざるをえないために、とりたててコミュニケーションや社会的能力を養成するためのコースは必要ない。チーム精神と協力しあう能力は、育成されるものではなく、生き残りに欠かすことができないものであり、それゆえ、それなしでは淘汰されてしまうような基本原理である。こうしたパルチザン部隊の成否は、正しい人員の選択、部隊の能力、そして部隊に認められる自由の度合いに基づいている」(Staudt/Kriegesmann 2000, S.586)。

4　帰結としての自己破壊性?
――イノベーションに制御された教育過程のパラドックス的性格について――

イノベーションを重視した(継続)教育過程および自己組織過程の主導者に対するパルチザンのメタファーに着想をえて、私の論述の最初、つまり学問システムにおいては「いかなる完成され解決された知識も」媒介されるべきではないという、フンボルトの要請に立ち返ることにしよう。その時確かに、目下のところ高度に官僚主義化している大学の日常的な学習を、高度に革新的な「教育パルチザン」の集合場としてイメージすることが困難であることは想定されよう。けれども、同時に次のような問い、つまり、例えば大学のプロジェクトチームにおける研究志向の教授・学習および問題解決の過程と、企業に勤めるイノベーション能力をもつ主導者たちとの間の違いは、本質的にどこにあるか、という問いもまた思い浮かぶ。例えばゲッチンゲン大学の各学部が継続的に発展させていると言われる、「改革協議会」ないしは依然として自律性の原理に依存する「シンクタンク」との違いは、本質的にどこにあるのか。

確かに、「企業パルチザン」の活動との根本的な違いは、次の点に存在する。つまり、企業パルチザンの活動の場合、過程を重視した能力開発の活動に対する目標範囲は、市場に重きを置いているがゆえに、プロセスと生産の高い品質、顧客にとっての親しみやすさ、イノベーションの加速、お買い得な価格設定という「魔法の四角」の頂点によって限定されているという点である。それゆえ結局、重要性の基準となるのは、市場によって規定された職業能力という楽観論である。教育についての解放的な理念から導きだされるような重要性の基準は、何の役割も果たさないか、ごく付随的な役割しか果たさない。それにもかかわらず、上述のように、企業パルチザンの活動もまた、個人的な自由度が高いことが保障されている場合にのみ、成果を上げることができる。

大学での学習過程の形成に対しても、この能力開発グループから出されうる刺激の可能性が過小評価できないことは、明らかである。例えば、アーニム・カイザーとマルク・アントは、エンジニアの養成と継続教育のために新しい大学を創設するという計画を示した。「この革新的な構想は、マルチメディアを用いた開かれた遠隔授業、館内利用施設、チューターを伴った企業実習という三者を結合させた点が際だっている。そして、最初の養成段階にある学生も、継続教育段階にある有職のエンジニアも両方対象としている」(Kaiser/Ant 1998, S.57)。おそらく、そうした構想の現実化は周辺的にしか成功しなかったが、応用に関わることは学問システムないしは大学教育にとってけっして新規な目標設定ではない。特に大学という学習の場では、学問への取り組みや自立的で自己組織的な認識の発見を通じての教育が強調されるという理由で、大学システムには、イノベーション能力を獲得するための好条件がそろっているのである。

しかしそれ以上に、大学の学問システムは、単にイノベーション的な知が加速度的に生産されるだけの場所ではなく、ますます急速に生産される知がかかえている「イノベーションのパラドックス」(Faulstich 1998, S.61) もまた批判的に反省されうるような卓越した場所である。というのも、そこで重要なのは、ただ単に生産手段あるいは役に立つ自己資本としての学習過程、すなわち獲得される知に対する目的合理的関係の獲得ではなく、主体的な意味創出だからである。学習することの学習が、学んだことの「非重要性と有意性の同時性」(Wimmer 2002, S.53) によって自己矛盾をおこす、あるいは少なくともパラドックス的となる限りにおいて、単にイノベーションの要請のみを義務づけられた(自己)学習過程というものは、それ自体破壊的になるように思われる。なぜなら、自己マネージメントとしての知のマネージメントが、経済のマネージメントの要請にしたがって制御されてしまうからである。

常に加速度を増しイノベーションに依存する社会過程のなかで、確かな将来の見通しのシナリオを描こうとすることは、常に次のような試みとして見なされねばならない。すなわち、「外部から要請される事柄を勝手に想定し、そこから以下のような教育過程のための能力特性、つまり自己安心のためには役立つが、要求される能力自体をいま一度批判的に問い直しそのうえで自己規定的に形成する力がもはや考慮に入れられていないような、教育過程のための能力特性を導き出すという試みである」(Peukert 2000, S.508)。「もっとも広範なイノベーション」は依然として、あくまでも大学教育の古典的な意味での「余暇のための期間」(Faulstich 1998, S.61)、つまりゆとりを作り出すことであり、また同時に「技術的に置き換えることが不可能で経済的な交換のなかに埋没してしまわない何ものかが存在する」(Wimmer 2002, S.66) という意識のための空間である。ジャック・デリダは一九九八年にスタンフォード大学で、「無条件の大学」のための情熱的な意見表明を行うなかで、大学が「それを思いどおりにし、それを包囲し、それを占領しようと狙っているさまざまな力に対して抵抗する際」の「無力さ」と「寄る辺なさ」を指摘している。そのうえで彼は、そうした指摘を次のような「社会的な場」を求める要求に結びつけた。つまり、「人という概念」、「人間と人間性一般の姿」(Derrida 2001, S.16ff.) を繰り返し「新たに」考えることが可能であり、また考える必要のあるような場が求められるのであり、そのことにより、人間性を「職業能力」という属性によって経済的観点のなかに消滅させてしまわずにすむのである。

文献

Albach, H.: Innovationsstrategien zur Verbesserung der Wettbewerbsfähigkeit. In: Zeitzchrift für Berriebzwittschaft (1989), S.1348-1352.

Baethge, M.: Paradigmenwechsel in der beruflichen Weiterbildung. In: Materialien des Forum Bildung. Bd.9. Köln 2001, S.61-70.

Belz, H./Siegrist, M.: Kursbuch Schlüsselqualifikationen. Ein Trainingsprogramm. Freiburg 1997.

BMBF (Bundesministerium für Bildung und Forschung): Stellungnahme zum EU-Memorandum über lebenslanges Lernen. Bonn 2001.

Bundesverband der Deutschen Industrie u.a.: Innovation und Flexibilität durch Autonomie und Wettbewerb. Bonn 1997.

Conein, S./Nuissl, E.: "Lernen wollen, können, müssen!" Lernmotivation und Lernkompetenz als Voraussetzungen lebenslangen Lernens. In: Materialien des Forum Bildung. Bd.9. Köln 2001, S.71-85.

Derrida, J.: Die unbedingte Universität. Frankfurt/M. 2001.

Dohmen, G.: Das lebenslange Lernen—Leitlinien einer modernen Bildungspolitik. Bundesministerium für Bildung, Wissenschaft, Forschung und Technologie (Hrsg.). Bonn 1996.

Erpenbeck, J.: Selbstorganisiertes Lernen—Ausdruck des Zeitgeistes oder Ausdruck der Zeit? In: D.

Hoffmann/k. Maack-Rheinländer (Hrsg.): Ökonomisierung der Bildung. Weinheim/Basel, 2001, S. 199–214.

Faulstich, P.: Hauptsache: Innovativ? In: Grundlagen der Weiterbildung 9 (1998), S. 57–61.

Gerst, D.: Selbstorganisierte Gruppenarbeit. Gestaltungschancen und Umsetzungsprobleme. Eschborn 1998.

Güpner, A.: Qualitätssicherung im Hochschulbereich. Die Anforderungen aus der Sicht der Arbeitgeber. Vortrag anläßlich der Abschlußkonferenz Projekt Q der Hochschulrektorenkonferenz am 11./12.2000 in Bonn (Unveröffentlichtes Manuskript).

Hoffacker, W.: Die Universität im 21. Jahrhundert: Dienstleistungsunternehmen oder öffentliche Einrichtung? Neuwied 2000.

Hoffmann, D./Maack-Rheinländer, K. (Hrsg.): Ökonomisierung der Bildung. Die Pädagogik unter den Zwängen des "Marktes". Weinheim/Basel 2001.

Hommen, L.: Conceptualising the Learning Dimension of Innovation in Small Firms: Arguments for an 'Institutional' Approach. In: Studies in the education of adults 29 (1997), S.154–168.

Humboldt, W. von: Gesammelte Schriften. Hrsg. Königlich Preußische Akademie der Wissenschaften. Bd.1–17. Berlin 1903–1936.

Kaiser, A./Ant, M.: Pädagogische Innovation: Begriff, Merkmale, Impulse. In: Grundlagen der Weiterbildung 9 (1998), S.54–57.

Klippert, H./Lohre, W.: Auf dem Weg zu einer neuen Lernkultur. Gütersloh 1999.

Landfried, K.: Lebenslanges Lernen der Beitrag der Hochschulen. In: Beiträge des Arbeitskreises Universitäre Erwachsenenbildung 39 (2002), S.17-22.

Lischka, I.: Erwerb anwendungsbezogener Fach- und Methodenkompetenzen sowie sozialer Kompetenzen durch Hochschulbildung. In: Materialien des Forum Bildung. Bd.5. Köln 2001, S.70-83.

——Lebenslanges Lernen und wissenschaftliche Weiterbildung—ein ambivalentes Verhältnis zwischen Förderung und Blockade. In: Beiträge des Arbeitskreises Universitäre Erwachsenenbildung 39 (2002), S.29-32.

Memorandum über lebenslanges Lernen. Hrsg. von der Kommission der Europäischen Gemeinschaft. Brüssel 2000.

Menze, C.: Die Bildungsreform Wilhelm von Humboldts. Hannover 1975.

Morkel, A.: Die Universität muß sich wehren. Ein Plädoyer für ihre Erneuerung. Darmstadt 2000.

Nuissl von Rein, E.: Weiterbildung an und in Hochschulen—Lebenslanges Lernen. In: Beiträge des Arbeitskreises Universitäre Erwachsenenbildung 39 (2002), S.23-28.

Orth, H.: Schlüsselqualifikationen an deutschen Hochschulen. Konzepte, Standpunkte und Perspektiven. Neuwied 1999.

Peukert, H.: Reflexionen über die Zukunft von Bildung. In: Zeitschrift für Pädagogik 46 (2000), S.507-524.

Rüttgers, J.: Einbringung der Novellierung des Hochschulrahmengesetzes in den Deutschen Bundestag. Deutscher Bundestag, Drucksache 13/8796 und Plenarprotokoll 13/200. Bonn 1997.

Schlicht, U.: Lehre, Lehre über alles. In: Der Tagesspiegel vom 5.11.1999.

Schumpeter, J.A.: Kapitalismus, Sozialismus und Demokratie. München 1972.

Staudt, E./Kottmann, M.: Deutschland gehen die Innovatoren aus. Zukunftsbranchen ohne Zukunft. Frankfurt am Main 2001.

Staudt, E./Kriegesmann, B.: Kompetenz zur Innovation—Missverständnisse über den Mythos Weiterbildung. In: Personal H.11 (2000), S.582-586.

Thom, N.: Grundlagen betrieblichen Innovationsmanagements. Königstein/Ts. 1980.

Uhle, R.: Diskurse über Bildung in der Sprache von Management-Wissenschaft. In: D. Hoffmann/K. Maack-Rheinländer (Hrsg.): Ökonomisierung der Bildung. Weinheim/Basel 2001, S.65–78.

Uni-Reform, Ausgabe I, März 2001, hrsg. vom Präsidenten der Georg-August-Universität Göttingen. Göttingen 2001.

Voß, G./Pongratz, H.J.: Die Arbeitskraftunternehmer. In: Kölner Zeitschrift für Soziologie und Sozialpsychologie 1 (1998), S.131–158.

Wimmer, M.: Bildungsruinen in der Wissensgesellschaft—Anmerkungen zum Diskurs über die Zukunft von Bildung. In: I. Lohmann/R. Rilling (Hrsg.): Die verkaufte Bildung. Kritik und Kontroversen zur Kommerzialisierung von Schule, Weiterbildung, Erziehung und Wissenschaft. Opladen 2002, S.45-68.

Zabeck, J.: 'Just in time' als bildungspolitisches Prinzip? In: D. Hoffmann/k. Maack-Rheinländer (Hrsg.): Ökonomisierung der Bildung. Weinheim/Basel 2001, S.79–91.

Zapf, W.: Über soziale Innovationen. In: Soziale Welt (1989), S.170–183.

第2章　大学における教授＝学習法の革新

1　学習社会のための大学の改革

ドイツでは現在、教育制度全体に対する厳しい批判が広がっている。誰もが口にしているのは、教育制度の改革が絶対に必要であるということ(Bund-Länder-Kommission 2000)、とくに大学に対しては、学生の能力が不足し、創造性が無いということへの不快感が広まっている。ボッフム大学の大学改革推進研究所長であるエルヴィン・シュタウトは大学について次のように述べている。つまり、

(1)　大学で養成した人材と、就職後、本当に必要とされる人材に違いがあること。
(2)　従来の知識偏重型の教育がもはや応用力を生み出さないこと。
(3)　実践から離れた教育をしているので、卒業生が創造性を持たないこと。
(4)　大学が資格取得を偏重し、形式主義に堕していること。
(5)　社会人教育を、単に知識を補うことにのみに限定していること。(Staudt/Kriegesmann 1999)

確かに、学習社会を構築するための一種の文化運動が始まっている。それに応じて、将来の大学の評価基準は、研究、教育、社会人教育の中で、そうした学習社会をどの程度生み出すことができるのか、という点であり、それに即して大学評価が行われなければならない。つまり、「どの程度専門的な知識を得ることができたか、という従来の評価は、学習者がどの程度実践力を獲得できたかという評価へと変える必要がある」(Kirchhöfer 2003, S.215)。

学習社会は、社会的、経済的側面の社会の変化や、学問水準の変化を反映するものである。この学習社会は、

(1) 学習の内容ではなく、学習するプロセスに教育の目を向けなければならない。
(2) 総合的な力、つまり、教科内容の知識、実践的な知識、個々の教科を超えた全体を見る力をつけなければならない。
(3) 社会での経験から得られた知識を考慮しなければならない。
(4) 社会的、民主的な行動を経験可能にしなければならない。

以上のことからは、次のような結論が導き出される。

(1) 個人の興味や発達段階を考慮して学習時間や学習の条件を考えること。
(2) 教育機関の雰囲気は、学びを促し、学びの喜びを感じさせるようにすること。
(3) 教育者は学問の専門家としてだけではなく、学びの専門家でなくてはならない。

従って、新しい学習文化の発展は、次の点に留意しなければならない。

(1) 学びのプロセスは個人個人で異なっているということ。
- 様々な教材を提示すること、教授の形態に変化を付けること、自己学習力を引き出すこと。
- 個別の学習が出来るようにすること。
- グループ学習を可能にすること。
- 男女が共同して参加できるようにすること。
- 教育機関の外で習得した知識や能力を考慮すること。

(2) 教育機関の教授＝学習過程の中で、学びを振り返ることが出来るようにすること。
- 知識と実践力の獲得のために、知識と実践力を養成する学びのあり方を開発すること。
- 価値的な態度の形成のために努力すること。

(3) 仲間意識を育て民主主義的な行為を体験したり考えたりすること。
- 教育機関では、共同の作業や、共同決定、自己学習力を高めること。それを通して、学習過程自体も発展させること。
- 学びや学習者自身の学びの過程に対する責任をもつこと。

(4) 新しいテクノロジーを使用して、学習と教授を支援すること。
- 学習することを学べるようなメディアを用意すること。

- 学習者、教授者双方に対し、メディアを使用できるように段階的に教授すること。

(5)

- 教育機関を開放すること。
- 学習者の日常生活での経験を、授業や職業教育、大学での勉学、社会人教育に取り入れること。
- 全体を見る目を養うこと。

大学の自治を強化すること、あるいは研究費、スポンサー、学生の獲得といった競争的環境はもちろん大切である。資金を運用する際に、業績主義を貫くこと、国際的な競争にもまれること、大学評価ランキングによって評価されることも大切である。それと並んで、ドイツでは、大学の組織に関する州の法律を改正し、研究、教育、社会人教育を保障するようにしている。業績主義に基づく教員の給与、業績評価の強化、国際的に通用するようなカリキュラムと修了の形態(学士、修士)が広がりつつある。新しいメディアの使用を強化し、研究だけではなく、教育や社会人教育に対しても評価を実施することにしている(Neumann/Osterloh 2002)。

2　求められる教授能力とは

大学教育では何を教えなければならないのか、と問えば、それは学問の体系とまず答えられる。ドイツでは大学法の中で明確に次のように述べられている。「大学は国家的な見地から、教育の内容と形式を定め、学問や芸術の発展や、職業上の必要性に照らして検討する」と（Hochschulrahmengesetz, §8）。このような目標を、大学の組織の基準とすれば、学生の教育で、理論と実践を結び付けなければならないということになる。つまり、学生の学ぶべき能力は「知識と倫理と実行力を実践的に結びつける力」（Webler 2003）ということになる。こうした前提で、大学教授学を形作ろうとするならば、次のような領域を大学教授学の中で考慮しなければならない。以下の点は、教員にもカリキュラムにも組織にも同じように考慮される必要がある。

（1）講義を計画する力。各時間の講義や講義全体、専攻のカリキュラム全体を、目標、内容、方法、教授者、学生、講義の条件（たとえばカリキュラム、教室、チューターの有無）を考慮して計画したり、また計画を変更したりする能力。

（2）講義の方法上の能力。学生の必要や教材に応じて、教育の方法を柔軟に変化させる能力。たとえば、教材を分かりやすく紹介する能力やグループ討論を司会する能力。

（3）助言を与えることのできる能力。大学で勉学や履修科目の選択、研究の方法を支援することのできる能力。そのための基礎知識として、学習心理学や認知心理学の知見を持っている必要がある。

（4）厳密な意味における教授者としての能力。職業上必要な能力をつけるためには、単に知識の集積だけでは不十分である。職業上の必要性を考慮しなければならない。「理論に導かれた実践」という目標に到達するには、具体例と結びついた、問題解決型で、しかも複数の専門分野を架橋するような講義が求められている。そのためには、学問の構造と学びの構造を結びつけ、教授学として構成する力や、学習の段階に合わせて目標を設定する力が必要である。

(5) メディアを使用する能力。様々なメディアを使いこなして教授する能力である。前提となるのは、情報化社会に必要なハードウエアやソフトウエアの知識であろう。学習プログラムを構成するために、メディアを使用して教授する知識や、学習プログラムを開発する能力も求められている。インターネットのようなネットワークを組織する能力も必要である。

(6) 適正な試験をする能力。口述試験や筆記試験を適正に行い、評価する能力のことである。

(7) 評価能力。つまり、教授=学習過程に現れる様々な要素を分析し、評価すること。その結果に基づいて、スタッフや教育課程や組織を検討する能力のことである。

(8) 状況を総合的に判断する能力。研究と教育や職業上の必要性、さらには大学と社会の関係にまで目を向け、その関係を分析し考察する能力のことである。(Webler 2003)

さらに日常の大学教育では、教授がうまくなされているのかを、以下のような点から検討しなければならない。

- 教育目標は明確化されているか。

- 学生が興味を持つように仕向けされているか。
- 教授者の準備が十分であるか。
- 教授者はその分野の専門家であるか。
- 教授者は自分の専門分野を好きであるか。
- 教授者は専門分野のうちでとくに重要な部分を強調して分かりやすくすることができるか。
- 学生が積極的に参加できるような教授法を用いているか。
- 予習、復習をするように仕向けているか。
- 個性尊重の指導をしているか。
- フィードバックを大切にしているか。
- フィードバックに答えようとしているか。
- 学生の試験は公正で信頼のおけるものか。
- 個別指導を考えているか。
- 参考文献は備えられているか。
- 面倒見がよいか。

広い意味での教授能力とは、すでに述べた方法論上の能力に限定されない。専門分野の論理に従って、教授科目の内容を決めるだけではなく、大学教員も実践者としての実践経験から教授の内容を検討しているかが大切なのである。意思決定を確かなものにするために、大学教員はすでに述べた点を念頭に置かなければならない。しかしこのことは、常に十分考えられているわけではない。なぜか。それは多くの大学教員の経験は、高校生、大学生、大学教員としての経験しかないので、上に述べた観点は、新たに身につけるほかはないからである。

ここで問題なのは、単なる知識ではない。知識の獲得は大学での勉学の中でしばしば過度に要求されている。そうではなくて、大学でも職業上の営みにとって必要とされる能力や方法を伝達しなければならないということなのである。この点で大変重要なことが欠けているのがわかる。つまり、多くの教育課程では、実際の仕事とのかかわりが欠けており、実践的な能力を身につけることができない。その原因は、部分的には教授法の問題ということもありえるが、教員の間で意見が統一されていないことによるとも考えられる。

3　大学教授学の原理と具体的なプログラム

フォルクスヴァーゲン社の社内教育施設では、製品の品質向上をするために、次のような教育をしている。「企業が従業員に対して要望する能力は、自己研鑽、実践力、品質重視、自ら進んで仕事をすること、責任を持つこと、決断力、創造性である。そうした能力をつける秘訣はまだはっきりとしていない。……強いて秘訣はといえば、次のようになる。責任を持って行動できる者のみが、自発的に仕事ができる。品質のよい製品を生産する者は、品質の基準をしっかり持っている者だ。こう考えてくると、必要とされているのは、十分に準備して実践すること、教えられたことを模倣してみること、熟達した指導者に従って品質管理することである。」(Bongard 1991, S.126)

大学での勉学の多くの部分が、ここであげた目標に沿っていない。というのも、いわゆる未青年であるといって、学習の自由を奪い、内容の一貫性を保つということで、必修科目を押し付けているのである。このことが、第一学年の学生が、自分の責任で科目を選択することを困難にしている。学生の意見によれば、自由に考えることが奨励されることもなければ、学問の倫理的な側面を含めた議論がなされることもない。

それ以外の問題点に関しても、すでに盛んに議論されている。議論の要点のみあげてみよう。基本的な知識をすぐ忘れてしまうので、物事を解明したり、優先順位をつけたり、知識を構造化する能力が育たなくなるといわれたりしている。知識の量的な拡大ではなく、知識をどう使うかが問題なのである。従って、複数の科目を統合したり、抽象化する能力がより重要となる。このように考えてくると、結局、職業上必要なものは、専門知識、自己責任能力、方法的な構想力、社会的なコミュニケーション能力の四領域であるといえる。このことは、大学での勉学においても同様であり、これらを教授の中に取り入れ、カリキュラムの中で実現しなければならない。すでに述べた能力を大学での教授に結びつけるのは、大変に難しい。というのも、大学では、研究と教育、知識の体系と人材養成のシステムといったさまざまな要求を結びつけなければならないからである。

学問の体系は、学問の対象へアプローチする方法論とそこから得られた理論の体系から成り立っている。研究上の情報交換は、専門学会で行われる。学問体系というものは、厳密な方法論のうえに構築されるものであって、各々の領域において、固有の論理に従って構築される体系を生み出している。学者としてのキャリアは、依然として、このシステムの中で出版物をとおして、自己の実力を発揮することが大切になっている。

教育の体系は、学問的方法に基づいた、自然科学的・社会的実践とさまざまなかたちで関連している。この知識と実践が大学での勉学の中で、職業上の能力と結びつく。総合的な能力が求められているので、卒業生の知識や技能はもはや一つの学科にとどまることはできない。国際的に見ても、大学での専門科目の教授と学生の勉学は、専門科目の内容の修得よりも、学習能力の開発に力点が移ってきている。「教授から学習へ」あるいは教えることから学びのありかたへと焦点が移ってきたと言い換えてもよい。

大学教授学の構築は、学問体系と教育体系の両者を考慮しなければならない。大学教員は、研究を積み上げるためには、通常、学会に出席したり、共同研究者から情報を得るなどの方法がある。他方で、教授者としての大学教員は、教授の方法や、試験の方法、あるいは学習の形態に関しての研修を必要とするといえる。それによって、ある専門的学問分野の研究者から、その分野の研究能力を教授し、学生を伸ばすことのできる者へと脱皮することができるのである。学問体系には独自の論理があるので、それが学習者にうまく伝わるためには、知識の伝達、人格の形成、高度な実践力の三者が同じように考慮されなければならない。

ブラウンシュヴァイク工科大学の「大学教員の継続教育」機関では、以上述べてきた点に基づいて、基礎プログラムWindH（Weiterbildung in der Hochschule：大学継続教育の頭文字をとったもの）を開発し、今までに、数百人の参加者を得ている。

重点の置かれているのは、教授の条件や大学教員固有の役割、あるいは講義の形態、内容、担当教員の人物といったテーマばかりではない。これらのテーマは、WindHのなかで、「横断的なテーマ」と見なされる。このプログラムは、批判的・構成的教授学の原理に基づいたもので、参加者主体で現実の世界と密着することを基礎にしている。そして教授の条件や個々人の共同決定の可能性とつねに結びついている。この「横断的なテーマ」の扱い方は内容によって異なっている。ワークショップ「ビジュアルな教授法」では、たとえばワークショップ「筆記試験と口述試験」ほどはっきりしていない（Borchard 2002）。

このWindHプログラムの最新のバージョンは、構成要素のうちの「ｅラーニング」である。この「ｅラーニング」とは導入段階のあとに、メディアを使ってのコミュニケーション、インターネットを使っての検索、インターネットの個人使用の練習、パワーポイントでのプレゼンテーションの作成等がある(Albrecht 2003)。

「eラーニング」のテーマは、すべての大学教員の中期目標に適している。この継続教育に対しては、しかしながら、発達させる能力、扱うテーマ、継続教育の期間等に関してさまざまな要求が出されている。従って、とくに重要となるのは、グループ別活動をとりいれる等の方策により、参加者の状態にあったように組織することであろう。それには予備知識の有無、あるいはパソコンの使用経験などが基準となるだろう。ブラウンシュヴァイク工科大学の「大学教師の継続教育」の経験では、すべての事柄の内容を単純に技術的に処理することはきわめて危険である。「eラーニング」が教授を稔り豊かにするためには、教授学上の判断基準を必要とするのである。

メディアを使った教材の質を高めようとするならば、古典的な教授法との葛藤がおこることがある。一人ひとりの教授者に対する要求は高すぎるものになりがちなのである。それは、教授者の能力に対

表 2-1 WindH基礎プログラム

(1日ないし2日にわたる12の構成要素からなるワークショップ)

	題　目	時間
課題1	教授の計画と評価	16
1.1	授業の構想と評価	16
課題2	教授の実践と構想	40
2.1	授業の展開	16
2.2	授業の活性化	16
2.3	文字による学習	8
課題3	助言と相談	16
3.1	会話による学生の相談	16
課題4	試験	8
4.1	筆記試験と口述試験	8
課題5	ビジュアルな提示の方法	16
5.1	ビジュアルな教授法	16
課題6	鍵的能力	56
6.1	レトリック	16
6.2	司会の方法	16
6.3	チームによる作業	16
6.4	時間配分と作業の組織化	8
課題7	模擬授業とその検討会	16
7.1	グループ授業	16

証明書を伴う全プログラム

して、テーマやメディアを用いた教授が複雑であったり、また、教授者のもつ時間や共同研究者の数が足りないからである。教授者は、専門的な知識を持った人の助けが必要だし、分業によって効果が出るように考えなければならない。ところがこうした考え方はドイツの大学教員の基本的な考え方とは相容れない。というのも、多くの教員は、教授学上の問題を一人で、独力で解決しようとするからである。結論的に、大学の評価とは、新しいメディアの導入の例が示しているように、教授法のありかたや大学の経営のありかたに基づいて行われるといえる。

文献

Albrecht, R.: E-Learning an Hochschulen. Die Implementierung von E-Learning an Präsenz hochschulen aus hochschuldidaktischer Perspektive. Hamburg 2003

Berendt, B.: Was ist gute Hochschule? In: Zeitschrift für Pädagogik. 41 Beiheft, 2000, S.247-260

Bongard, H.: Das Qualifizierungskonzept für gewerblich-technische Auszubildende der Volkswagen-AG. Ein innovativer Beitrag für die Weiterentwicklung der Qualifizierungsansätze in der deutschen Industrie. In: R. Arnold (Hrsg.): Taschenbuch der betrieblichen Bildungsarbeit. Baltmannsweiler 1991

Borchard, Ch.: Hochschuldidaktische Weiterbildung—Akzeptanz und Wirkung. Eine Analyse am Beispiel des Bausteinprogramms WindH—Weiterbildung in der Hochschule. Münster/Hamburg/London 2002

Bund-Länder-Kommission für Bildungsplanung und Forshungsförderung (Hrsg.): Forum Bildung, Materialien Band 3, Bonn 2000

Kirchhöfer, D.: Informelles Lernen—Legitimation für De-Institutionalisierung? In: D. Hoffmann/K. Neumann (Hrsg.): Ökonomisierung der Wissenschaft. Weinheim 2003, S.213–232

Neumann, K./Osterloh, J. (Hrsg.): Gute Lehre in der Vielfalt der Disziplinen. Hochschuldidaktik an der TU Braunschweig. Weinheim 2002

Staudt, E./Kriegesmann, B.: Weiterbildung. Ein Mythos zerbricht. In: Kompetenzentwicklung '99. Münster 1999, S.17–55

Webler, W.-D.: Lehrkompetenz—über eine komplexe Kombination aus Wissen, Ethik, Handlungsfähigkeit und Praxisentwicklung. In: U. Welbers (Hrsg.): Hochschuldidaktische Aus- und Weiterbildung. Bielefeld 2003, S.52–82

第3章　ドイツにおける大学教育改善の取り組み
――核心的要素としての鍵的能力をいかに形成するか――

1　序

およそ一〇年来、ドイツの大学改革では、大学における勉学と教育の効率性について幅広い公的な議論がなされてきた。文教政策において次のような主張が絶えず声高になされている。すなわち、総じて大学での勉学というものはより持続的に行われなければならず、また今日の社会生活の具体的な要求、とりわけ職業世界の現実により強く応えるような資質や能力を媒介しなければならない、といった主張である。経済団体もまたこうした議論に加わって、専門能力や指導力を与える（専門）教育というものが、グローバルな市場での国際競争に際して一定の地位を確保するのに、本質的に有益であると指摘している。一九七〇年代に教育システムと雇用システムの適合問題がますます浮き彫りになった時、ニュルンベルクの連邦雇用庁における労働市場・職業研究所の当時の所長であったディーター・メルテンスは、「鍵的能力（Schlüsselqualifikationen）」という概念を用いて、教育システムにおいて未解決であった改革とイノベーションの問題を解くための呪文のようなものを発展させた。以来、それはカリキュラム論議で絶えず論じられている。教育システムとは、「特定の個別的で実践的な活動との直接的かつ限定的な関係をもたらすような知識・能力・技能ではなく、むしろ(a)同時にオルターナティブとして選択できる多数の地位や職務を遂行するための適性能力、(b)人生においても（たいてい予測のつかない）一連の要求の変化を克服するための適性能力をもたらすような知識・能力・技能」の発展に配慮すべきなのである（Mertens 1974, S.207）。

情報知識社会における社会システムと雇用システムの急激な変化を背景にして、鍵的能力という概念は教育のさまざまな領域で関心が持たれている。なかでもとりわけ興味を示しているのは大学専門教育の分野である。なぜなら鍵的能力は、専門分化するとともに膨張しつつある学問システムの変化を受け入れるような、科学的な教授・学習の方法を約束するからである。「大学での勉学過程で扱われる題材の量が際限なく増大するのを阻止しようとすれば、既存の知識を獲得する能力から、常に新しく未だ知られていない知識を推論するストラテジー習得の能力へと重点を移すことは避けられない。このような一般的な能力は、学問や職業のみに限定されるものではなく、多様な社会的領域における変化を克服するために生産的に利用できる能力・技能・態度・ものの考え方や価値観を基礎付けるのである」（Wildt 1997, S.200）。

学習の仕方を学ぶという基礎能力を身につけていないならば、その後の専門能力が知識社会において役に立つかどうかむしろ疑わしい。専門的知識は鍵的能力を応用するための基盤である。鍵的能力は、個々人がその専門的知識を問題解決のために応用することを可能にする能力である。「鍵的能力」を身につけると、学習者は学んだことを状況に応じて柔軟に適用することができるようになるばかりでなく、さらに以下のことが可能になる。

- 学んだことを学習者の要求に応じて変えること
- 行為のオルタナティブに体系性を与えること
- いくつかのオルタナティブから行為を選択することによって、適切に振舞うこと
- 新たに習得した能力を他の能力と結びつけること
- 行為のレパートリーをそれ自体で正当化される相乗作用に基づいて拡大すること、つまり、これまでの能力を新たに習得した能力に結合させることで、行為のオルタナティブの幅を広げること(Richter 1995)

その限りで、鍵的能力の獲得は行為能力を拡大し人格を発展させるプロセスであるといえる。その際、鍵的能力は方法的能力や社会的能力や自己決断能力の領域を包括している。教授文化の革新をめぐるこうした論議、教授と学習の変化(Decker 1984, 1995, Eberle 1997)、勉学における鍵的能力の促進(Wildt 1997, Orth 1999)といったものを出発点にしながら、ブラウンシュヴァイク工科大学の大学教授学センターでは、チューターープログラムＬＩＭＴ(Lehr-Innovation mit Modell-Tutorien: モデルチュー

ターを用いた教育イノベーション）の枠組みのなかで（Brinker/Schumacher 1998, Schumacher 2000）、一つのプロジェクトを立ち上げた。それは、専門を越えた「鍵的能力」をあらゆる専門分野の学生に習得させることを目的としており、同時に、現在の大学がもつ構造的な諸条件を考慮するものであった。このプロジェクトはヴィルト（Wildt 1997）を先導者とする。彼は次のように指摘している。社会的・方法的能力というものは、これまでの大学に典型的であった教授・学習方法のみによって媒介できるのではなく、行為と経験を重視した社会的諸形式を活用しなければならない。もっともそのことは大学全体のカリキュラムの枠組みに応じて同時に方向付けられるのだが。

2　特別プログラムのカリキュラムへの編入――機械工学を事例として――

技術工学系の専門分野の勉学には、すでにセメスター週時間数の上限が設けられている。そのため、新たに補足する内容を追加授業として履修過程に組み込むことは容易ではない。

たとえば、ブラウンシュヴァイク工科大学の機械工学部は、一九九七／九八年の冬学期に新しい卒業資格試験規定を成立させた。この試験規定では、基礎課程においても本課程においてもいわゆる非技術的科目が組み入れられている。非技術的科目は社会科学もしくは経済学の分野から選択しなければならない。非技術的科目のためのこうしたスペースは、鍵的能力というテーマに向けて構想されたプログラムをカリキュラムに組み入れるための積極的な前提条件となる。基礎課程では二つの非技術的科目がそれぞれ二セメスター週時間（週一回授業二学期分）ずつ予定されている。

本課程では一〇セメスター週時間をいわば補充科目に使うことができ、そのうち少なくとも四セメスター週時間は非技術的科目に当てなければならない。したがって、オムニバス授業はちょうどこのカリキュラムの中に組み入れることができるのである。

3　目標と全体構想

この特別プログラムのねらいは、学生の専門を超えた社会的な、勉学や職業に関係する能力を高めることにある。このプロジェクトの内容や目標の根底にある鍵的能力の定義はベルツとジークリストに由来する（Belz und Siegrist 1997）。彼らは鍵的能力を、個人が専門を超えて獲得すべき能力と定義している。それによれば、方法的能力、自己決断能力、社会的能力が、個人の行為能力を高めるのに役立つ鍵的能力とされている。

講義を通して学生には、レトリック、自己マネージメント、コミュニケーション、司会、プレゼンテーションといったテーマや、この複雑なテーマについての経済界もしくは高等教育の代表者の見解に、理論的かつ原理的に取り組む機会が与えられる。

毎週の講義と結びつくかたちで、学習内容はグループトレーニングにおいて吟味される。講義と並行して行われるトレーニングのねらいは、実践的な能力獲得である。したがって、鍵的能力というテーマに対する理論的な取り組みは、この能力の実践的練習と結びつけられる。講義のテーマはトレーニングにおいて取り上げられ、練習される。そして、グループ練習の経験は再び講義にフィードバックされる。講義とトレーニングの内容は、レトリックやプレゼンテーションといった、直接個人に関係するテーマから始まり、司会、コミュニケーション、チーム活動といった集団に関係するテーマにまで及ぶ。

ミニ・アセスメント・センターによってプログラムは終了し、受講者には学んだことを現実に近い場面で試す機会が与えられる。

4 講　義

特別プログラムでは、オムニバス形式の講義が毎週行われ、ブラウンシュヴァイク工科大学の教員と、地域を代表する企業からの講師とが担当する。講義のテーマと内容は**表3-1**のとおりである。

この講義の終わりにはパネルディスカッションが開かれている。そこには教員と学生が招かれ、経済の代表者とともに以下のような問いについて議論する。鍵的能力の媒介は大学専門教育の構成要素であるべきか。そうであるとすれば、いかにして、また誰によって、この鍵的能力は既存の教授活動のなかで媒介されうるのか。専門能力はどのような地位を占めることになるのか。このパネルディスカッションは結果として、一方で学生が大学に対して鍵的能力の促進を強く願っているということを明確にアピールし、他方では「ソフトスキル」と「ハードスキル」の分離という勘違いを解決することにつながる。鍵的能力が専門的知識と競合する

表 3-1 オムニバス講義のテーマと内容

	テーマ	内　容
1	導入	鍵的能力というテーマについての定義、概念 特別プログラムに関する情報
2	方法的能力	方法の理論・歴史、概念、モデル
3	レトリック	簡単な講演の構成 非言語コミュニケーション
4	雇用者の観点からの鍵的能力Ⅰ	産業界から志願者への期待 産業に関係する鍵的能力
5	司会	司会の方法、カードを用いた質問の習熟 質問技術
6	プレゼンテーション	プレゼンテーションの構成 ビジュアル化の形態とメディア
7	雇用者の観点からの鍵的能力Ⅱ	労働社会学や組織社会学の端緒
8	社会的能力	定義、概念、具体化
9	コミュニケーション	人間相互のコミュニケーションの基本―理論と経験
10	会話の基礎	会話態度のモデル、シュルツ・フォン・トゥーンの著作、積極的に聞くこと
11	社会的相互作用	社会的相互作用のアスペクト―理論と経験
12	チームでの活動―グループにおける相互作用	チームの定義、グループ過程における段階、グループにおける相互作用、チームの発展
13	社会的責任を引き受けること	鍵的能力の可能性と限界 経済倫理の根本問題
14	パネルディスカッション	ブラウンシュヴァイク工科大学ではいかにして鍵的能力を促進させることができるか？

ものとして理解されている限り、この二つのスキルの領域を将来性のある概念に統合することはできないのである。

5 トレーニング

特別プログラムでは、講義と並行してトレーニングが、二週間につき四時限の時間数で行われる。固定したトレーニンググループは最大二〇人の受講者からなり、そのつど八つのトレーニングの内容を受講する。それぞれのトレーニングは、専門的に養成されたトレーナーと二人の学生チューターによって実施される。チューターたちはトレーニング内の小グループおよびグループ全体の指導を担当する。彼らは大学教授学センターによる特別なワークショップにおいて、教授学的・方法論的な資格が付与され、

表3-2 トレーニング・ワークショップのテーマと内容

	テーマ	内　容
1	レトリックⅠ	自己プレゼンテーション 話の導入の演習
2	レトリックⅡ	ビデオによる検討を用いた簡単な講演 非言語コミュニケーションのための演習
3	プレゼンテーション	ビジュアル化のための練習とメディアの習熟 グループプレゼンテーション
4	司会	グループディスカッションの司会 困難な状況への対応
5	コミュニケーションⅠ	シュルツ・フォン・トゥーンに依拠した会話分析 積極的に聞くための演習
6	コミュニケーションⅡ	非言語コミュニケーションのための演習 役割演技
7	チームⅠ	共同演習 「決定を下す」というテーマについて演習
8	チームⅡ	チーム演習「塔の模型製作」 アセスメントの演習

さらに可能な場合にはチュートリアル・トレーナーに認定される。したがってこのプロジェクトは、チューターによって生成される再生産モデルによって支えられているといえる。学問的に訓練されたトレーナーのスーパーバイズを受けながら、学生が学生に対して一定の能力を付与するのである。トレーニングの具体的なテーマと内容は**表3-2**のとおりである。

6　プログラムの締めくくりとしての「ミニ・アセスメント・センター」

セメスターの終わりにはプログラムの締めくくりとして一日間の「ミニ・アセスメント・センター」が催される。そこで学生には、教えられたことを現実に近い場面で新たに編成されたチームにおいて応用する機会が与えられる。その際、プログラムを締めくくる進行方法はアセスメント・センターの方法に基づく(Kleinmann 1997)。この方法は大人数では、ほんのさわりの部分しか使えないので、たとえば「塔の模型製作」のようなアセスメント・センターの古典的な演習は、自己プレゼンテーションやグループプレゼンテーション、もしくは学生の自己責任によるプログラム全体の評価と結び付けられる。

7　チューターによる再生産モデル

上述のプロジェクトはヴァイスバッハ（Weisbach 1988）が発展させた、チューターによって生成される再生産モデルを含んでいる。チューターによる（tutoriell）、というのは、プログラムに関心のある受講者がその後のセメスターにおいてトレーニングされるべきチューターに認定され、その後自らチューターとしてトレーナーの役割を引き受けることができるからである。

生成される（generativ）、というのは、受講者がトレーニング中のチューターとして認定されることによって、このプロジェクトそのものが支えられているからである。トレーニング中のチューターは、すでに専門教育に携わっているチューターをサポートし同伴することができる。その際も共通基盤として役立つのは、特別プログラムのために大学教授学セ

冬学期 1998/99	受講者			
夏学期 1999	チューター トレーニング			
冬学期 1999/2000	チューター	受講者		
夏学期 2000		チューター トレーニング		
冬学期 2000/2001		チューター	受講者	
夏学期 2001			チューター トレーニング	
冬学期 2001/2002			チューター	受講者
	▽	▽	▽	チューター トレーニング チューター

図 3-1　チューター教育のシステム

ンターによって開発された、トレーニングに関する概念や配布資料を含んだマニュアルである。

8　プロジェクトの経験と発展

現在までにこのプログラムには、ブラウンシュヴァイク工科大学のほぼすべての専門分野から数百人の学生が受講した。受講することによって、成績証明と修了証書の一方ないしは両方を取得することができる。このプログラムの評価によって、いかに学生たちがこのようなサービスを重視しているか、またさまざまな専門分野からやってくる学友たちとの建設的で刺激的な共同作業に対して、いい意味で驚いていたかが明らかになった。しかしながら有意義である一方、同時に、学生のために必要とされる時間的・人的費用が高くつくことが問題とされた。

学生たちにとって明らかとなったのは、鍵的能力というものが、人格の発達に役立つような個々人の学習過程において獲得されなければならないということである。まさにこの点に、このプログラムの成果が現れている。多くの学生が、自分自身の行動や体験をチームにおいても、また他のコミュニケーションの状況においても意識するよう促されたのである。

同時に大学内では、このテーマを大学構造へ統合させようとする議論が提案された。その際、専門的知識と鍵的能力は一緒に教授され学習されねばならないということ、またそのためには大学での勉学に新しい教授・学習の形態を導入しなければならないことが明らかとなった。

上述のプロジェクトは、特別プログラムを成功させ、またブラウンシュヴァイク工科大学の専門教育に鍵的能力概念を結びつけることに成功した。そのことによって、このプロジェクトは大学の枠を越えて、今やさらに多くの賛同を得、支援されている。

特に強調すべきは、試験的な段階で成立した、ブラウンシュヴァイク工科大学の大学教授学センターと有限会社フォルクスヴァーゲン（VW）・コーチング（フォルクスヴァーゲンの教育施設）との協力関係である。すでに専門教育を受け経験を積んだチューターによって、株式会社フォルクスヴァーゲンの共同研究者五〇人に対して、鍵的能力を促進するためのサービスの提供が考え出されたのである。このサービスは二〇〇〇年三月から五月までの間に初めて実施された。それは非常に成果があったた

表 3−3　共同研修：VW労働者のための鍵的能力

VW ヴォルフスブルクにおける情報プログラム：概念と基礎の発展 グループリーダー 10人の教育		
2001. 2. 16(金)	鍵的能力とは何か コミュニケーション	与えるべき評価
2001. 2. 17(土)	コミュニケーション	
2001. 2. 23(金)	レトリック	
2001. 2. 24(土)	時間・ストレス・マネージメント	
2001. 3. 2(金)	プレゼンテーション	
2001. 3. 3(土)	学習・労働技術	
2001. 3. 16(金) 2001. 3. 17(土)	司会	
2001. 3. 23(金)	チーム活動	
2001. 3. 24(土)	コンフリクト・マネージメント	
2001. 3. 30(金) 2001. 3. 31(土)	VW トレーナーの協力の下でのミニ・アセスメント	

め、定期的に年に一度行われることになった。

9　自己反省を促すための評価

鍵的能力を促すためのプログラムの成果について評価することは難しい。通常古典的な知識獲得の場合に筆記試験や評点によって行われているようには、評価できないのである。それゆえ、このプログラムの終わりにはアセスメント・センターが実施され、そこで自分の学習到達度が自己評価と他者評価によって点検されることになる。

プログラムの期間中には、質を保証するためにさまざまな統一評価が行われている。古典的な道具、たとえば特別プログラムの形成的評価のためにリヒター（Richter 1994）が勧めているような古典的な道具と並んで、講義やトレーニングにはアンケート用紙以外に、さらなる鍵的能力としての自己反省やパースペクティブ変容を促進させるような要素も組み入れられている。

セメスターの終わりには講義をうけた学生たちにアンケート用紙

表 3-4　自己評価のためのアンケート用紙

自己評価のためのアンケート用紙

学科＿＿＿＿＿＿＿＿　　セメスター＿＿＿＿＿＿＿＿

男＿＿／女＿＿

	現状：ここで何を学んだか	理想：さらに何を学びたいか	どのようにして、いつそれを身につけることができるか
自己決断能力			
方法的能力			
社会的能力			

が配られる。それによって、習得した自己決断能力、社会的能力、方法的能力について、ヨハリ・フェンスター（Birkenbihl 1992 und Luft 1971）に依拠して、自己と他者の受け取り方が評価されることになる。このアンケート用紙で学生たちは自己評価によって現状と理想をまとめる。この自己評価と結びつけるかたちで、チューターや教師は反省的チーム（Anderson 1989）という意味で、上述の観点から自分たちが学生をどのように受け取っているかを評価する。そこでは議論が起こり、自己像や他者像が反省され、新たに定義されることになる。

こうしてアンケートを受けた学生の大半は、このトレーニングでは非常に多くのことを学んだので、これからもさらに自分で勉強してみたい、と答えている。とりわけ上級セメスターの学生は鍵的能力を促進させることの必要性を認識している。なぜなら、この学生たちはすでにそれに関連した経験を持っているため、モチベーションが高いからである。さらに、このアンケートを通して、自己評価と他者評価の不一致を確認することができる。一般的に学生たちはチューターの報告よりも自分を高く評価しがちである。

10　議論と展望

一九九八・一九九九年冬夏学期以来、ブラウンシュヴァイク工科大学では、「鍵的能力——理論と実践」のプロジェクトが実施されてきた。このプロジェクトでは、「鍵的能力」というものが個々人の、経験に基づいた学習のなかで獲得されなければならないということを、学生に伝えることができた。こうした学習・反省のプロセスと、さらに講演ないしは討議の司会といった限られた状況で自分の行為能力を改善することに、このプログラムの成果がある。

講義とトレーニングの結合は、習得された能力を何度も批判的に問い直し議論することを可能にする。

鍵的能力が新しい教授・学習文化の持続的な促進に貢献すべきであるとするならば、四セメスター週時間という枠内でのプログラムでは確かに不十分であり、新しい勉学と教育の組織形式を許容するようなカリキュラム上の枠組みを作らなければならない。

シュラッフケ (Schlaffke 1992, S.193) によれば、専門的内容と社会的・コミュニケーション的学習目標とを並立させたまま社会的能力を媒介するのは望ましくない。むしろ専門的知識は、知識伝達の形式によって鍵的能力がそのつど一緒に訓練されるように、教授学的に再考されるべきである。そのためには学習の場、学習過程における社会的形式、学習メディアといった観点から、教授組織を改善していく必要がある。

学生の学習組織を根本的に変えることで初めて、この「従来とは異なった教授・学習」のための余地が新たに生まれる。このことは、とりわけ教授者自身にも当てはまる。というのも教授者の役割や課題が変化し、教授者はますます学習の助言者や進行役になるからである。ここで問われるのは、こうした役割の変化に対応するために、教授者がいかにして準備され、支援されるかである。大学教員後継者の大学教授学を促進するためのハンブルク・イニシアチブ(Arnold u.a. 1997, S.163f.)は、次のことを確認している。自ら組織化し、自己責任に基づいて知識や能力を獲得する心構えと資質は、大学での勉学の過程において学生に媒介されるべき鍵的能力の一つである。そして、次のように要求している。教授者はそのような学習過程の利点と難しさをよく知るために、この学習形式にかかわる自分の経験を蓄積すべきである。このことによって、学生の世代変化や学生集団の構成変化に対して持続的に対処することが可能になるばかりでなく、カリキュラム開発や新たな研究成果を取り入れようとする意識が高まり、とりわけ自分自身の人格を向上させようとする意識と力が身につくのである。

大学教授学に関わる諸機関には、まさに以上のような考え方を取り上げ、こうした人的な取り組みと能力形成のための枠組みを創出することが求められていると言えよう。

文献

Anderson, T: Das reflektierende Team. Dialoge und Dialoge über Dialoge. Dortmund 1989.

Antons, K.: Praxis der Gruppendynamik. Übungen und Techniken. Göttingen 1992.

Arnold, E./Bos, W./Koch, M./Koller, H.-C./Leutner-Ramme, S.: Lehren lernen. Ergebnisse aus einem Projekt zur hochschuldidaktischen Qualifizierung des akademischen Mittelbaus. Münster/New York/

München/Berlin 1997.

Baumann; U.: Seelsorgliche Gesprächsführung. Ein Lernprogramm. Düsseldorf 1996.

Birkenbihl, V.F.: Kommunikationstraining. München 1992 (13. überarbeitete Auflage), S.271–272.

Belz, H./Siegrist, M.: Kursbuch Schlüsselqualifikationen. Ein Trainingsprogramm. Freiburg 1997.

Bochard, C./ Schumacher, E.-M.: Förderung von Schlüsselqualifikationen an der TU Braunschweig. In: Handbuch Hochschullehre 2000, A 3.32, S.1–12.

Brinker, T./Schumacher, E.-M.: Das Tutorenprogramm LIMT-Lehr-Innovation mit Modell-Tutorien. Zwischenbericht Braunschweig 1998 (unveröffentlichtes Manuskript).

Decker, F.: Grundlagen und neue Ansätze in der Weiterbildung. München/Wien 1984.

——Die neuen Methoden des Lernens und der Veränderung. Lern- und Organisationsentwicklung mit NLP, Kinesiologie und Mentalpädagogik. München 1995.

Döring, K./Ritter-Mamczek, B.: Lehren und Trainieren in der Weiterbildung. Ein praxisorientierter Leitfaden. Weinheim (6. Auflage) 1997.

Döring, R.: Das Konzept der Schlüsselqualifikationen. Ansätze, Kritik und konstruktivistische Neuorientierung auf der Basis der Erkenntnisse der Wissenspsychologie. Hallstadt 1994.

Eberle, F: Anforderungen an den Hochschulunterricht zur Förderung des lebenslangen Lernens. In: Zeitschrift für Berufs- und Wirtschaftspädagogik 93 (1997) 2, S.145–159.

Fallner, H./Gräßlin, H.: Kollegiale Beratung. Halle 1990.

Kaiser, F.-J.: Der Beitrag aktiver partizipativer Methoden-Fallstudie, Rollenspiel und Planspiel zur

Vermittlung von Schlüsselqualifikationen. In: Keim, H. (Hrsg.): Planspiel, Rollenspiel, Fallstudie: zur Praxis und Theorie lernaktiver Methoden. Köln 1992, S.62–90.

Kleinmann, M.: Assessment-Center. Stand der Forschung und Konsequenzen für die Praxis. Göttingen 1997.

Knieß, M.: Kreatives Arbeiten. Methoden und Übungen zur Kreativitätssteigerung. München 1995.

Luft, J.: Einführung in die Gruppendynamik. Stuttgart 1971.

Mertens, D.: "Schlüsselqualifikationen"—Überlegungen zu ihrer Identifizierung und Vermittlung im Erst- und Weiterbildungssystem. In: Faltin, G./Herz, O. (Hrsg.): Berufsforschung und Hochschuldidaktik. Hamburg 1974, S.205–230.

Müller-Schöll, A./Priepke, M.: Sozialmanagement. Zur Förderung systematischen Entscheidens, Planens, Organisierens, Führens und Kontrollierens in Gruppen. Neuwied/Kriftel/Berlin (3. Auflage) 1992.

Orth, H.: Schlüsselqualifikationen an deutschen Hochschulen. Konzepte, Standpunkte und Perspektiven. Neuwied/Kriftel/Berlin 1999.

Richter, Ch.: Schlüsselqualifikationen. Alling 1995.

Richter, R. (Hrsg.): Qualitätssorge in der Lehre. Leitfaden für studentische Lehrevaluation. Neuwied/Kriftel/Berlin 1994.

Schlaffke, W.: Das Konzept der Schlüsselqualifikationen. Forderungen der Wirtschaft—Herausforderungen für die Hochschulen. In: Olbertz, J.-H. (Hrsg.): Zwischen den Fächern-über den Dingen? Universalisierung versus Spezialisierung akademischer Bildung. Opladen 1998, S.187–198.

Schumacher, E.-M.: Lehr-Innovation mit Modell-Tutorien: LIMT-ein Tutorenprogramm an der Technischen Universität Braunschweig. In: Knauf, H./Schmithals, F. (Hrsg.): Tutoren Handbuch. Eine Einführung in die Tutorenarbeit. Neuwied/Kriftel 2000, S.228-233.

Sennett, R.: Der flexible Mensch. Die Kultur des neuen Kapitalismus. Berlin 1998.

Weisbach, C.R.: Training des Beraterverhaltens. Bad Heilbrunn 1988.

Wildt, J.: "Fächerübergreifende Schlüsselqualifikationen. Leitmotiv der Studienreform?" In: Welbers, U. (Hrsg.): Das Integrierte Handlungskonzept Studienreform: Aktionsprogramm für die Verbesserung der Lehre an Hochschulen. Neuwied/Kriftel/Berlin 1997, S.198-213.

第4章　陶冶《ビルドゥング》概念の再生と再構成
――幼児期の教育学におけるモデルの展開――

1　序論――陶冶《ビルドゥング》概念への回帰――

教育学の中心的なカテゴリーとして「陶冶《ビルドゥング》」を再生しようとする、先鋭的で大胆な主張の中で、ラインハルト・カール（Reinhard Kahl）は次のように述べている。「『陶冶《ビルドゥング》』という混成的な概念は」教育科学における「一九六〇年代末の大がかりな概念整理に際して、ほかの粗大ゴミといっしょに廃棄された。〔中略〕陶冶《ビルドゥング》の使命や教育の課題にかわって、社会化という代理人によって援助されるものである学習目標が登場し、西欧においても陶冶《ビルドゥング》の計画経済が勝利を収めた」。「教育の専門家たちは技術学的な教育学」に立脚し、「評価可能な教材指導を公的に広めながら、雑多な作業療法が潜在的に拡大していった」（Kahl 1995, S.64）。ハルトムート・フォン・ヘンティッヒ（Hartmut von Hentig）が述べているように、六〇年代末には「陶冶《ビルドゥング》」という「使い古された概念」を失効させることに多くの人々が賛成していたのだが、一九八〇年代になると「陶冶《ビルドゥング》」の「廃棄処理」によって教育学の模範的カテゴリーのひとつ——おそらく模範的カテゴリーそのものといってもよい——の潜勢力が失われてしまったということが明らかになった。ポストモダン論議において「啓発《ビルドゥング》哲学」(Rorty 1992, S.400f.)独自の可能性が発見されたのと呼応するかのように、教育科学界の主唱者たちはシステム構造を論じるために陶冶《ビルドゥング》概念に立ち返っていった(Tenorth 1994, 1997; Lenzen 1997)。フォン・ヘンティッヒの最近の本である『陶冶《ビルドゥング》』もやはり、「陶冶《ビルドゥング》への『回帰』は教育学的に望ましい、ひとつの進歩である」という前提から出発している(Hentig 1996, S.11)。たとえ教育学における陶冶《ビルドゥング》原理への回帰についてさまざまな評価が下されたとしても、フォン・ヘンティッヒは次のような主張は譲れないという。「われわれの方向性の欠如という主張や現実に応えてくれるのは、科学や情報でもなければ、コミュニケーション社会、社会的な道徳に関する措置、秩序ある国家、自己経験とグループダイナミクスの豊かさ、ひたむきなアイデンティティの追求といったものでもない。これに応えてくれるものこそ、陶冶《ビルドゥング》という概念なのである」(Hentig 1996, S.15 ff.)。

八〇年代の終わりには、「視座《パースペクティブ》」を「陶冶・教養《ビルドゥング》」と言いかえるべきだと主張する出版物が多く見られるようになった(Schultz 1988)。たとえば広く読まれているフリードリヒ出版の年刊誌は一九八八年号で陶冶《ビルドゥング》をテーマとしている。ヴォルフガング・シュルツ(Wolfgang Schultz)はこの巻頭論文の冒頭で、「陶冶について語り陶冶《ビルドゥング》を要求することを、回避すべきではない」と主張している(Schultz 1988, S.6)。また、行為を導くための「操作可能な」評価目標の整理においてこれまで大きな成果をあげてきたカリキュラム理論の主流は、多様な要求を個人の学習過程へと還元し相対化し縮約しえた教育学の基準がもはや失われてしまった現状に直面し、次のような問いに答えることを迫られている。「具体的な相互的教育活動の中で、主体形成活動の目標・内容・過程・手段を決定しようとする際、カリキュラム研究所を含め教育主体や学習主体とは無関係に最終的な決定の基盤が成立している場合、教育主体と学習主体はこの決定を下す活動へどのように参加すべきなのだろうか。このような場合、参加に関することとは別の問題として、彼らは提示されたものをはたして承認できるのだろうか、自己制御と集団的制御をはたして学習できるのだろうか」(Schultz 1988, S.6)。

ヘルマン・ギーゼッケ(Hermann Giesecke)は、八〇年代の終わりにはすでに幻想として喝破されたこと、すなわち「陶冶《ビルドゥング》」という模範的カテゴリーの放棄は不可能であるということを、この概念の再生を扱った最近の本の中心的なテーマとしている。ここで必要不可欠なものとして描かれる社会参加の援助としての陶冶《ビルドゥング》は(Giesecke 1998, S.313)、優位に置かれるべき市民的権利なのである。

2 陶冶《ビルドゥング》のプロジェクト

——一八世紀における子どもの陶冶《ビルドゥング》過程という論理の発見——

幼児期の教育学の学問的発展において陶冶《ビルドゥング》の思想が回帰してきた過程はどのように素描されるだ

ろうか。歴史的な観点から想起されるのは、啓蒙期に教育の形象が完成されたこと(Rutschky 1977)、そして子どもと青年が生の特殊な形式として「発見」されたことである(Neumann 1987, 1993)。ジャン-ジャック・ルソー(Jan-Jacques Rousseau)の『エミール』(一七六二年)では、大人と子どもという古典的な概念のそれぞれに新たな地位が割り当てられる。ルソーにおける子どもへの「コペルニクス的転回」(ヘルマン・ノール Herman Nohl)に基づくなら、教育(学)者は子どもの擁護者として理解される。市民社会の成立という社会変動過程の中では、子どもを彼ら独自の生活形式へと解き放つことと、教育(学)者の指揮管理下に子どもを置くこととは、相補的な観点である。個人における自律化と機能化との葛藤は近代教育学ないし近代教育理論の根本的な問題であるが、この問題はよく言われるように、啓蒙の教育学においてすでに概念化されていた。繰り返し引用されるルソーの表現にしたがっていえば、それは「人間」への教育と「市民」への教育との間にある緊張であり、個人の成熟と解放の力を一方の極とし、「市民的有用性」としての個人の社会化をもう一方の極とする緊張関係である。教育学の観点からいえば、若者は社会に参入する以前に、完全に彼自身となることで、こうした緊張は解消されねばならない。そうしてはじめて若者は、意志的もしくは積極的に、政治的・社会的変動へ引き渡されていくのである。

　啓蒙期にはじめて完成した命題「教育の自律」は、個人の自律が社会の中で発見されたことの当然の帰結である。善とみなされた行動へ子どもや若者を適応させる手段として教育が伝統的に理解されていたのとは対照的に、啓蒙期の教育学は教育固有の目標をはっきりと問い、このコンテクストの中で「子どもに固有の権利」という命題を展開する。これは「子どもは小さく不完全な大人ではない、一個の行為者であり主体である」という、ルソー以降の教育学を規定する根本的な信念にほかならない。またそれと呼応して、教育は学習主体自身が持つ意欲と形成意志を頼りにするようになる。成熟した主体の自己規定能力の確立が教育の目標となり、そのため、未成熟な人間には知覚、判断力、反省、趣味の能力のすべてが養成されねばならない。こうした諸能力によって、「やがて未成熟な人間は、世界のことを知り、世界を規定できるようになる。ここでいう世界とは文化的な世界であり、社会的には近代以前のように状況に左右されることもなく、また文化的には独断論的な教条にのみ従うこともなく、自らの秩序を理解し形成している世界である。自由な文化共同体は文化の指導者たちの了解に従った、成人たちの合意に基づくものでなければならない。同時に成人は、自分を取り囲み培うものである文化と歴史に対して自分が義務を負っていることを自覚せねばならないし、また相応の責任意識をもって行為せねばならない。こうして、未成熟な人間を成人へと形成していくことが教育固有の目標となる。教育とは未成熟な人間に対して、自己教育への弛まぬ力と意志を授けることなのである」(Roessler 1961, S.278f.)。

主体としての子どもを中心にすえたこの新しい教育のパラダイムは、人間の歴史と生活に対する新しい理解のコンテクストの中ではじめて発展しうるものであった。このコンテクストの中では、合理主義的・形而上学的で神学的でもある一七世紀の世界観は、「歴史的思考法、厳密にいえば発展史的思考法の獲得」によって解消されたのだった(Lepenies 1976, S.16)。この思考法において子ども期はまず「理性を欠いた時期」とみなされた(Spaemann 1963, S.146)。自己制御された行動、道徳性、そして教養《ビル》・陶冶《トゥング》を体現した大人にのみ「理性」は認められた。そのため理性という理想的属性に基づいて構成された社会は、狂人、未開人、犯罪者といった理性的ではない人間、そして子どもという未だ理性を獲得していない人間を、すべてその枠外へ追いやらねばならない。「非理性的な者」は排除されるが、可能であるならば彼らに「理性をもたらす」試みがなされた。この試みを最も簡単に行えると同時に、最も必要としていると考えられていたのが、子どもなのであった。子どもは次第に最も育成しがいのある、そして改善の余地のある非理性的集団とみなされるようになった。また人々は、次世代の大人という子どもたちの役割と、そして人類全般の変化と高次の発展を左右するものとしての子ども期を、いっそう明確に認識した。人間の文明化、文化化、道徳化という啓蒙的な教育観は、ルソーの子どもの人間学によって全く新しい視座を手に入れた。ルソーの人間学は、理性的な大人となるためにできるだけ早く克服されるべき通過段階として子ども期を捉えるものではなく、固有の発達段階として子ども期を発見するものであった。そして子ども期はルソーによって「純粋な自然状態」として定義され、ここから「人間の現在の状態における自然と人工的なものとを解きほぐしていく」ことができるはずだという視座が手に入れられたのである(Rousseau 1971, S.66)。ルソーは「自然という迂回路によって、非理性を理性に近づけた。自然状態にもっとも近い子どもと未開人は、自然状態という本質の中で捉えられねばならない。子どもの心と行動が科学的研究の対象とされねばならず、それによって『自然に即した』教育の基盤が創造されるのである」(Wiesbauer 1982, S.26)。

以上のように、規範的理性の枠組みに基づく「自然に即した」教育という基準への回帰が起こったわけであるが、今日まで陶冶《ビルドゥング》理論に緊張を与えている極点も、こうした回帰とともに堅持されることとなった。「陶冶《ビルドゥング》のプロジェクト」は、「近代のプロジェクト」の最も重要な構成要素のひとつ、つまり市民社会の決定的要素である啓蒙の教育構想のうえに成り立っている。ここで規範的教育行為が目標とするのは、責任ある市民の社会における人間的生活を可能とするような主体の発生である。経済的発展の論理が社会の近代化の論理を反映しているように、主体の「自然」、特に子どもの主体の「自然」を、陶冶《ビルドゥング》過程の論理の中で理解することが重要なのである。人間の陶冶《ビルドゥング》過程とその相互作用的・制度的・社会的諸前提に対する以上のような洞察に基づいて、人間的行為の概念と「実践的理性をその極北とする」理性の概念は拡張され精密化されねばならない。ここで理念的な目標となるのは、「人間的主体と理性を発生させる相互主体的行為の規定が発生的な理性概念の規定と一致することである」(H. Peukert 1988, S.15)。その当然の帰結として、一八世紀の半ばを過ぎると、発達と個性化の経過を究明しようとする関心がますます顕在化していった。「近代の教育学的思考の基本的類型である教育的意図に基づく伝記(自伝を含めて)という類型が生まれた。生き生きとした人物、その人生の歩み、そして人生で表明されたものの分析では、心理学と教育学は今日の教育心理学を規定する問いに従っていた。その問いとは、心の発達の諸段階と課題、生得的なものと獲得的なものとの関係、情緒的発達と認知的発達における育成可能性、道徳的判断力の発達における初期の社会経験の意義などに関するものである」。(Herrmann 1976, S.1016)

さまざまな体験、経験、認知、意識規定によってなされる文化的適合の自己反省運動は、原理的に終わりなき道である。青年期の個人は「世界の獲得」と「諸力」の完成(Wilhelm von Humboldt)のためにこの道を進まねばならない。この道のりは「本来、規範的な見方でとらえられてはならない。しかし、それでもやはり歴史的・文化的偶然性のために、この道のりは規範的判断の領域に入り込んでしまうのである」(Mollenhauer 1996b, S.11)。この例は、人間の諸力の「均整」というフンボルトのモデルから、テオドール・W・アドルノ(Theodor W. Adorno)の観念――人類史の長い道のりにおいて、主体は終末論的な「和解」の理念を指針としなければならないとアドルノは考えていた――、そして今日の教育学にみられるような「全体性」にまで見いだされる。こうした例にうかがえるのは、社会化過程における主体形成という理念であり、成功した陶冶《ビルドゥング》の過程という概念から構想されたジャン・ピアジェ(Jean Piaget)やローレンス・コールバーグ(Lawrence Kohlberg)の陶冶《ビルドゥング》理論にもはっきりとうかがえる。

そして陶冶《ビルドゥング》理論的に構想された最初の幼児教育学、つまり「新しい社会性の形式を構成することとして陶冶《ビルドゥング》を理解した」(U. Peukert 1997, S.280)フリードリッヒ・フレーベル(Friedrich Fröbel)の構想も、前述のような規範的な意味内容をもって登場する。フレーベルの陶冶《ビルドゥング》概念もやはり、近代社会に生まれつつあった内的矛盾の経験という背景から理解することができる。他者へ開かれ、そこから自分へ立ち返っていくことで自分自身になっていくことができる個人、さらにこの歩みの中で疎外された社会の改革に寄与する個人(Buck 1984)——こうした個人性の確立は、子ども固有の生と活動の世界を構成するというフレーベルの陶冶《ビルドゥング》の構想においても中心に位置している。ウルズラ・ポイカート(Ursura Peukert)によれば、フレーベルによってこの構想は、「植物のように有機的な生の展開」(Bollnow 1977, S.139)という思想、つまり所与の内的合法則性に従う有機的発達の思想に結びつけられた。

「この転回によって、人間の偶然性という近代特有の経験は緩和された。歴史的過程が目的論的性格を有しているという確信それ自体は、確かに近代の経験の中で失われていったのだが、この確信は個人の生成過程への確信に転換することで救済された。小さな子どもを対象とする教育学は、成熟優位説的な発達心理学を援用することで、フレーベルの陶冶《ビルドゥング》思想に見られるこうした傾向をさらに強め、そのため社会理論との関係を失っていった」(U. Peukert 1997, S.208f.)。

陶冶《ビルドゥング》の構想は成熟優位説的な発達心理学を基盤とすることで、広い意味での構成主義的な性格を有した別個の発達理論と社会化理論へと取って代わられてしまった(Morss 1995)。それと呼応して幼児教育学においても、自己形成《ビルドゥング》および人間的行為能力の形成《ビルドゥング》は、意思疎通の関係を前提かつ目標とする相互行為に媒介された構成活動として分析されるようになった（U. Peukert 1979; Rogoff 1990）。

以上のことは、認知主義的な発達心理学や（Edelstein/Keller 1982; Kegan 1986; Youniss 1995; Dornes 1997; Oswald 1997）、精神分析の方向をとった対象関係論（Winnicott 1979; Benjamin 1990, 1993）、幼児による言語獲得の研究（Bruner 1987, 1990）の位置づけと関連させることでも裏づけられよう。だが、美的な陶冶《ビルドゥング》・人間形成に関する最近の研究との関連から、より確かな裏づけを得ることができる。たとえばレッジョ教育学（Dreier 1993; Krieg 1993）の提示した研究や、陶冶《ビルドゥング》・人間形成論的分析でいえばゲルト・E・シェーファー（Gerd E. Schäfer）（1995; 1996）やクラウス・モレンハウアー（Klaus Mollenhauer）（1990, 1993, 1996b）が提示した研究である。また、周囲の現実との創造的で独特な対決を子どもの自己の成立と結びつけたにもかかわらず、主体的行為調整という問題、すなわち操作的な諸能力の段階的構成における「孤独な」自我をあくまで研究の主題としていたピアジェの認知主義的発達心理学も、近年の研究では専ら「社会構成主義」の意味で再解釈されている（Youniss/Damon 1992; Youniss 1995）。以上のような研究から、自己生成の過程について次のような要請が生まれている。すなわち陶冶《ビルドゥング》が成立しうるのは、「子どもたちに情報を媒介したり伝承された知を強制したりすることではなく、なにより『利用手段《インストルメンタリウム》』を子どもたちの手の届くものにすることによって」であり、「この利用手段によって、自己の知的・道徳的な立場が、他者の立場との協働によって再構成され、『自己中心的思考』からの離脱がみいだされうるのである」（U. Peukert 1997, S.281）。

生活の仕方が多元化し個人化していく近代社会では、個人による文化の習得としての陶冶《ビルドゥング》は典型的な人生の遍歴モデルを必要としなくなり、また「さまざまな状況や態度における（必要不可欠であるはずの）規範性の観念を堅持しようとするバランスが、継続的に反省の対象と」なっていった。それによって「学習環境ないし陶冶《ビルドゥング》の環境、個人的境遇や伝記的遍歴、そして人間学的に解明できる限界とリスクの慎重な記述の中で、世代間の関わりの中で起きる文化的な規範性の戯れについて信頼に値する注釈と解明を行う」ことが教育学の課題となる（Mollenhauer 1996a, S.34）。幼児教育学的な陶冶《ビルドゥング》理論の領域では、こうした観点から、ここ一〇年の間に注目すべきいくつもの成果が導き出されてきた。とりわけそれが顕著にうかがえるのが、フレーベル以来幼児教育学の特殊な専門分野として主張されてきた領域、すなわち陶冶《ビルドゥング》・人間形成のアイステーシス的（感性的・美的）局面に関するものである。

3　今日の陶冶《ビルドゥング》理解のパラダイム・モデルとしての美的陶冶《ビルドゥング》

幼児の教育学ではここ一〇年、「幼児期の陶冶《ビルドゥング》理論」への回帰が顕著となっている。これはゲルト・E・シェーファーの著作にうかがえるだけでなく、また学際的な構想の枠組みとしても見いだせる。この学際的枠組みは、一方では人間科学的・社会科学的な研究成果、特に神経生理学と精神分析の研究成果をとり入れながら、もう一方では教育学固有の問題設定に基づき、子どもの能動性を中心的な出発点とするものでもある。子どもはまさに、自分自身の思考と行為の中で自らを陶冶《ビルドゥング》するのである(Neumann 1998a)。そして幼児期の陶冶《ビルドゥング》理論の現在における基本的なアプローチとは、子どもが自ら活動している際、何を行っているのか、教育者、学者、そして大人たちが傍らで見守ることである。ここには幼児教育学および幼稚園教育の伝統と近代の陶冶《ビルドゥング》理解とを結びつける共通点がある(Schäfer 1996)。つまり、フレーベルが「創造的活動本能」の育成に際して念頭に置いていた出発点と同じものがここにはある(Hoffmann 1968)。活動する小さな子どもたちを見る時、観察者が捉えるのは彼らの遊びである。遊戯、子どもの認知、経験、表現能力――この領域の教育学の再構成に際してレッジョ教育学は数多くの新しい示唆を提供してきた(Dreier 1993, Fatke 1994)――、人間科学と社会科学の最新の研究成果を陶冶《ビルドゥング》理論的な視座から組み立てていく際、こういったものの文法《グラマティーク》が新しい形式で位置づけられねばならない。その指針となるのが、「陶冶《ビルドゥング》は常に何らかのかたちで自己活動と関わるものである」というモットーである。人間は形成《ビルドゥング》されるものではない、人間は自分自身を形成《ビルドゥング》せねばならない。子どもの活動はそのはじまりから内面の企図と外部の構造との相互作用的な関係を表現しているという前提に立つことによって、幼児教育学は、陶冶《ビルドゥング》思想の伝統と再び結びつくことができる。すなわち、基本的な人間的資質と行為能力の発達の援助という思想の伝統、「古典的な」言葉遣いでいうならば、この前提は「均整のとれた全ての能力の発達」の援助という思想の伝統と、幼児教育学は結びつくことができるのである。子どもの視座に基づくなら、こうした教育学理論と実践の力点はむしろ「共同遊びの構造と過程となる。一般的な人間学的・社会的条件から出発するにもかかわらず主体的行為の空間において個人的な諸構造が成立するのは、こうした共同遊びによってなのである」(Schäfer 1995, S.18)。

包括的な人間的行為能力とアイデンティティの獲得としての陶冶《ビルドゥング》は、古典的な陶冶《ビルドゥング》理論の基準に従うならば「世界の習得」によってしか成立しない。ここでの「習得」は、物事ないし事態に関する知識の学習として一般には考えられている。しかし世界は常に社会的な事態であり、歴史的に成立する共通の生活形式であり、文化である。世界は継承されながら新たに創造されることで、世代間で引き継がれていく。つまり陶冶《ビルドゥング》は「文化創造」としてその内実が成立するのである(Bruner 1996)。陶冶《ビルドゥング》とはある文化と生活形式を個人が創造的に構成することであり、そして他者との相互作用における共通の「共同構築」(Youniss 1995)として成就するひとつの出来事なのである。「生活を送っていくための伝統的な規範が崩壊している状況では、連帯性と自己規定を可能にする心的構造と行為能力がどのようにして獲得されるのか、問われなければならない」(U. Peukert 1995, S.77)。

レッジョ教育学のアプローチを簡単に説明することで(Schäfer/Stenger 1998参照)、陶冶《ビルドゥング》理論に触発された幼児教育学理論と実践がどのように再生・再構成されているのかが明らかになる。「レッジョ教育学」概念は、レッジョ・エミリアにある二〇の全日制の公立幼児学校と一三の乳幼児施設で実践されている「教育経験」を包括するものである。その歴史は、この街の社会主義的伝統、組合の協同活動、抵抗運動によるファシズムからの自主的な解放と関連している。こうしたアイデンティティの要点は今日まで持続しており、「〇―六歳計画」への両親の積極的な参加によって、さらに確固としたものになっている。

幼児教育は社会全体の課題として理解されており、そして子どもを孤立した個人としてではなく、地域社会、地域文化、そして自然や家族の一員ととらえる構造の中で行われる。関係者全員の動的な交流は、それぞれの施設の民主主義的な構造の中に現れている。それぞれの施設は、二年ごとに選ばれる指導委員たちによって運営される。彼らの少なくとも半数は親たちであるが、協力者、そこに関心を寄せる市民、そして教育センターに所属し一定の権限を持った「教育専門家」もそこに関与している。

子どものイメージは、人間学的局面に注目した教育活動の中心に置かれている。このイメージは楽観主義的である。大人は、専門的な教授学的支援によって子どもに欠けているものを補う必要はない。大人は、すでに知られ獲得すべきとされる内容や能力の媒介者ではない。むしろ子どもの学習の歩みを、子どもとともに歩むのである。子どもは自己形成および学習の過程の中心であり主人公である。そこでのモットーによれば、「子どもは強く、豊かで、力にあふれ、能力を持っている」（パオラ・カリガリ Paola Caligari）。レッジョの人々は、こういった子どもの人間学の発見者だったと主張しているわけではないが、子どもの諸力と探求心を子ども解釈の中心に据えており、そのために幼児教育学においてこれまで見いだされていなかった方法で実践に取り組んでいる。ここには今日の幼児教育施設における「子どもからの教育(Pädagogik vom Kinde aus)」の根本命題が、もっとも先鋭的、特徴的にあらわれている。

子どもたちの「百のことば」は、レッジョ教育学の有名なキーワードである。これはレッジョ・エミリアの各施設の子どもたちによる活動の記録や作品を陳列し、大きな成果をあげることになった催しのタイトルである。「百のことば」では、実に多様な方法で子どもたちが事物に接し事物と関わっていったことが表現されている。子どもたちが世界を把捉し、習得し、世界のイメージを形成していくアプローチと表現の多様な方法は、レッジョ教育学では、魅力あるさまざまな材料の提示に支えられている。「芸術専門家」と一緒に「アトリエ」のアレンジをすることで、音、針金、石膏、絵の具といったメディアを使いながら単なるお話しにとどまらない自己表現が誘発される。音楽、演劇、人形劇、役割遊び、擬態、ジェスチャーが、劇的な言語としてそれに付け加わる。遊ばれ、演じられた場面は、アトリエに置かれたたくさんの鏡に映し出される。子どもたちはそれをよく見て、観察し、いろいろな試みを行いながら、こうした場面をさらに発展させていく。子どもたちの「百のことば」、そして言語的な利用手段の一部である身体全体は、それ自体が分節化した諸形式のなかで、反響を発見しなければならず、また十分な理解をもって受け止められねばならない。大人たちは語られたことばに束縛されがちである。子どもたちが発話したものだけしか受け止めないならば、子どもの豊かな経験の大部分は聞きとられないままである。われわれが子どもたちの問いかけや独特の振舞いや経験を無視したり、真剣に受け止めないとき、子どもたちはわれわれに対して何もいうことができない。そして子どもたちはたとえば心を閉ざしたり、時には攻撃的で乱暴になることで、そのことを態度で示すのである。

子どもは、知やアイデンティティ、あるいは自らの存在の意味と諸条件を彼自身が発見できるように促してくれる関係に開かれている。「百のことば」を助けとして、子どもたちは事物と人間との交流を通して自分のアイデンティティを獲得する。子どもたちの陶冶過程《ビルドゥング》は、とりわけ子どもたちが人間、動物、事物、そして思想と関わっていくその強度によって培われる。子どもの「力強さ」は、個人的な力の増大や他人の支配の増大から生じるのではなく、むしろ周囲の世界とのコミュニケーション過程から自らアイデンティティを発展させていくことによって成立するのである（Mollenhauer 1998参照）。

「ここでは、根本的な個人理解が示されている。自我は、特定の行為の出発点として統一体のようにとらえられるものではない。むしろ他者に開かれたひとつの出来事とみなされる。自我は人々や事物とともにある関係からのみ理解することができる。ここではじめて自我はアイデンティティを獲得する。このことはもちろん子どもだけでなく大人にも当てはまる。大人もやはり開かれた人格を持っており、子どもから学んだことを通して、別の人間として再生していく過程を歩む。大人も自分の拠って立つ諸関係のネットワークから自分を理解するのである」(Schäfer/Stenger 1998, S.138)。

クラウス・モレンハウアーは、コルネリー・ディートリヒ(Cornelie Dietrich)、ハンス・リューディガー・ミュラー(Hans Rüdiger Müller)、ミヒャエル・パルメンティエー(Michael Parmentier)との子どもの美的経験を扱った共同研究において、同じような結論に至っている。すなわち美的な陶冶・人間《ビルドゥ》形成《ング》は、「文化的に利用可能な絵画的・音楽的素材との関係の中で、これまでに獲得されてきた自己の諸部分と関わること」であり、子ども独自の「シンボル化能力」の経験なのである(Mollenhauer 1996b, S.254)。子どもの美的な(自己)表現は、他者に理解されることを常に目指している。また子どもの美的活動は、「主体が社会的・文化的な編制に対する個性の差異を表現している」という意味で(a.a.O., S.257)、社会性の局面からも常に理解される。そして「美的経験は教育に導かれなくても、その形成《ビルドゥング》力を展開しうる。これこそ明らかに美的経験に属するものなのである」。確かに、美的経験の形式の根本的な発達において論理的・合理的思考はどのように関わってくるのか——まずは構造として並立し、それから変換の作用を持つことになるのだろうが——、様々な点でいまだ明確になっていない。だが「美的経験の領域は就学教育以前の陶冶《ビルドゥング》の中核であると考えられる。〔中略〕子どもが知覚し、想像し、空想によって記憶し、内的イメージへと変化させたものから、合理的な思考は直接的にその素材を受け取る。このような美的な経験の領域から生まれる謎を出発点として、合理的思考は始まるのである」(Schäfer, in: BMFSFJ 1998 b, S.48f.)。

幼児教育学における陶冶《ビルドゥング》理論がここ一〇年間で示してきたのは、システムと生活世界（Habermas 1981）の間、もしくは「集団の形式的特徴として統語論的に与えられている命法と、個人の意味論的な主観的経験の確実さとの間」を進む陶冶《ビルドゥング》の歩みである（Mollenhauer 1996b, S.260）。また幼児教育学の陶冶《ビルドゥング》理論が明らかにしようとしたのは、いわば陶冶《ビルドゥング》の基底としての美的陶冶・人間形成《ビルドゥング》が、個人化を進めるゲゼルシャフトの中で、ゲマインシャフトにおける個人を目指していることであった。それによってこの試みは、子どもの社会実践の能力、すなわち充足されるべき諸関係への能力は、今日では形成《ビルドゥング》的に習得されねばならないということを明らかにしたのだ（Preuss-Lausitz 1993, S.35）。今日の幼児教育施設は基幹学校と同じように、「早くからさまざまな生活領域で自立することができる、あるいはそうしなければならない」子どもたちが、「機能的な日常生活能力とあわせて内的自律性を自ら発展させる」のを支援しなければならない（Faust-Siehl u.a. 1996, S.22）。あらゆる教育施設は「民主的な学習の家」でなければならず（Flitner 1996, S. 286）、内にも外にも開かれ、何より一人ひとりの子どもたちの個人的生活の将来像に開かれていなければならない。ここではじめて、子どもの発達の基盤を構成している相互性の潜在能力は、様々な状況において展開されうる。子どもは、「彼ら自身の生活」と学習の「主体」として誠実に扱われることで、自分の参加している学習を自分自身の事柄とみなすようになるのである（Faust- Siehl u.a. 1996, S.37 ff.）。子どもたちが学習の主体となりうる状況を数多く包含した幼児の教育施設では教育の活動性がうかがえるが、この活動性は、学習が外にある世界の諸部分と内面との個人による結合であるという洞察に適ったものなのである。

4 子どもの陶《ビルドゥング》冶過程の論理と経済的行為の論理との矛盾
――陶《ビルドゥング》冶理論の挑戦――

陶《ビルドゥング》冶理論本来の教育学的・文化理論的領域におけるこうした進歩からうかがえるように、社会理論の中に陶《ビルドゥング》冶理論を組み込む試みは――これまで述べてきたように――今までのところ成功していない。ウルズラ・ポイカートの指摘にあるとおり、幼児の陶《ビルドゥング》冶過程の論理を分析することで、そこには経済的行為の論理と一致しない局面があることが明らかとなる。文化を新たに創造する過程としての陶《ビルドゥング》冶過程は、それ自体の中に危険とリスクを抱えながら、複数の社会的コンテクスト、すなわち「介入的に作用する複数の文化」を常に前提としている(Kegan 1986, S.165 ff.)。これは個人的な発達と経験の余地を提供するものであると同時に、自己変容のための準備をしている間には、防御的な基盤を提供するものでもなければならない。

「介入的な文化という課題を担うのは、個々の人間、家族、教《ビルドゥング》育制度だけではない。自律した意識と連帯的な意識が生まれるように陶《ビルドゥング》冶過程の基本的条件を整える責任は、社会が全体として引き受けなければならない」(U. Peukert 1997, S.284f.)。

家族問題に関する学術審議会(das Wissenschaftliche Beirat für Familienfragen)が一九九八年に公にした連邦政府の家族政策に関する白書(BMFSFJ 1998a)、そして連邦政府初の「子どもに関する所見」である第一〇青少年白書は(BMFSFJ 1998b)、人々に大きな衝撃を与えた。この衝撃のかなりの部分は、経済的行為の「強制」と教育が責任を持ちうる行為との拮抗がこの白書によって明らかとなり、人々に良心の呵責を引き起こしたことによるものだと説明できる。ドイツを含む近代社会は、独自の論理を持った子どもの陶冶《ビルドゥング》過程を許容するだけの、時間的・物質的な基本的条件と資源を欠いている。そしてまさにこの欠乏を意味するのが、現在進行している少子化なのである(U. Peukert 1997, S.286f.; BMFSFJ 1998b, S.85 ff.)。子どもと青少年を扱ったこの第一〇白書は次のように結論づけている。

「子どもに配慮し、子どもの成長を見守るような生活形式は、もはや失われている。われわれの社会では、こうした生活形式のための必要な措置も、時間的、空間的なゆとりも、物質的な手段も、十分に提供されない」(BMFSFJ 1998b, S.297)。

子どもが成長するための諸条件は、確かに子どもの幸福の中でも一部分を占めるにすぎない。だが生活世界の構造が、子どもに必要なはずの救護的・援助的・促進的な領域を形成しなくなり、むしろ多様性を増大させることで、子どもたちへの物質的な世話の不足はいうに及ばず――これは家庭の経済的負担が適切に軽減されていないことが大きな理由である――、価値と意味の導きまで失ってしまったために(BMFSFJ 1998a, S.249 ff.)、子どもの成長のための諸条件が問題となっているのだ。しかし、われわれの社会の「個人主義文化」というコンテクストにおいて、子どもの幸福のために不可欠な「連帯のための潜勢力」が追求されるならば(Kaufmann 1990, S.146 ff.)、子どもの成長をめぐる現在の危機的状況も、大いなる挑発的契機だといえる。広く提唱されている独自に活動する子どもという模範像と、現実的な「成長のための文化」がドイツの社会に欠落していることとの間にある矛盾は(Krappmann 1996)、見落とされるべきではない。確かに子どもは自分自身の陶冶《ビルドゥング》過程を担う主人公であり主体であるといわれるし、さらには「自らの宿命の統治者」(Piaget 1973, S. 107)、適応能力の「ヴィルトゥオーゾ〔巨匠〕」でもあるともいわれるが(BMFSFJ 1998a, S. 249)、やはり子どもは自分の周囲の人間や所与のものに常に依存してもいる。だが子どもが依存している周囲の人間や所与のものも、「リスク社会」としての近代社会の中で(Beck 1986)、そして経済的なグローバル化の時代の中で、絶え間ない変化の潮流に子どもと一緒に巻き込まれているのである。

心のこもった配慮を行い、共通の世界を忍耐強く構築することとして理解される子どもの陶冶《ビルドゥング》過程には、時間が不可欠である。現在の経済システムを支配し、時間の効率という意味での合理性を求め、できるだけ短時間の投資サイクルを目指す能率的な思考からすれば、子どもの陶冶《ビルドゥング》過程への教育的な関わりは、非常に「非生産的」であるがゆえに「時間とは無縁」である。このような能率的思考は、大人が時間のエコノミストといえるほどに時間を意識し時間を求めてばかりで、状況に応じた「時間の浪費」を子どもとともに生産的に克服しようとする冷静さを失っている場合には、経済行為の論理と全く同じである(Neumann 1992)。しかし、自立し自己責任を持った子どもという教育的模範像の主流に呼応するものとして、「協同的な個人主義という確固とした指導的規範」が保障されるべきであるとするならば(Bertram/Hennig 1995, S.113)、男性・女性・子どもの人生の軌跡を包括的に個別化していく「徹底的市場化」の動向に対抗し、陶《ビルドゥング》冶過程の基本的条件としての「社会的な生活形式」の可能性が確立されねばならない(Beck 1986, S.201 ff.)。ただし、知に基づくテクノロジーに対応し、成果ある「国民資格認定政策」を管轄する経済(Preuß 1990, S. 124)、そして教育と陶《ビルドゥング》冶への投資を自らの機能拡大の条件としてきた経済にとっても、以上の可能性は長期的な関心事であろう。経済的合理化の過程に見られるこうしたパラドックス、すなわち「この過程にとって不可欠な社会文化的基盤を、この過程自身がむしばんでいる」というパラドックスが(Ulrich 1993, S.12)、ますます顕在化しているのである。

「近代化の弁証法」を象徴するこうした現象の帰結について、ウルズラ・ポイカートは次のように述べている。

「社会化の基礎段階における陶《ビルドゥング》冶過程を可能にするのは、基本的に生成的な活動であり、つまり創造的で生産的な活動である。社会化と個別化の相互の浸透の中で、この活動が基礎的な人間的能力を発生させるのであり、そしてこの能力によって、学校や職業にも関わる学習と知の獲得のためになるだけでなく、経済的行為を含む後々の活動全てのためにもなる基盤が陶《ビルドゥング》冶されるのである。しかし、効率を高めるという論理だけを志向するような経済的活動は、このような陶冶《ビルドゥング》過程だけでなくこの過程の前提までも危機に陥れる。社会の経済的行為は自己崩壊の危機に迫られているのである」(U. Peukert 1997, S.286)。

ここ三〇年ほどの間で、「家族の実践と教育制度において、自己規定と独自性という意味での個人性の展開が」、子どもに対して「権利として認められ、期待され、さらに彼らのために要求されるようになった」(Zeiher 1996, S.17)。こうした子どもの社会的模範像から、何よりも子どもを独自の主体として受けとめ、子どもの援助と助成の権利を承認し拡充すべきだという教育政策上の結論が生まれたが(Honig/Leu/Nissen 1996, S.12 ff.)、この結論は、当初は熱意をもって引き出されたものではなかった。だが子どものための独自の政治と子どもとともにある政治が定着しはじめ、あわせて近代社会における市民生活の典型的特性、すなわち生活とアイデンティティの個人的な構想が成立し(権利としても)承認されるという特性が(Neumann 1998b)、子どもについても受け入れられはじめている。市民社会のプロジェクトであった「陶冶《ビルドゥング》のプロジェクト」の意義は、陶冶《ビルドゥング》過程の論理に適った「成長のための文化」を子どもたちに保障することに(Krappmann 1996, S.26; BMFSFJ 1998b, S.297f.)見いだされるのではないだろうか。そしてこの「成長のための文化」の保障とは、すべての子どもを権利主体として承認することであり、たとえば「子どもの権利条約」を国家ごとの法に置き換えていくことなのである。

「まず自分の権利の実現のために必要となる生活条件を要求する権限、自分の幸福と未来を大きく左右する決定に適切に関与する権限、そしてそれをふまえたうえで、自分たちの幸福にとって本質的である社会、政治、経済、エコロジーの基本的条件の形成に、積極的に関わっていく権限――未成年者の権利は、こうした権限を含むものなのである」(Steindorff 1994, S. 3)。

さらにここには、子どものためにも要求されるべき権利として、個人としての自由権と参加権が加えられねばならない。それによって、「根本的な人間の権利として請求しうる社会的・文化的権利」(U. Peukert 1997, S.291)、すなわち陶冶《ビルドゥング》のための道程とそのために必要な経済的支援の要求とが保障されるのである。

文献

Beck, U.: Risikogesellschaft. Auf dem Weg in eine andere Moderne. Frankfurt am Main 1986.

Benjamin, J.: Die Fesseln der Liebe. Psychoanalyse, Feminismus und das Problem der Macht. Basel/Frankfurt am Main 1990.

Benjamin, J.: Phantasie und Geschlecht. Studien über Idealisierung, Anerkennung und Differenz. Basel/Frankfurt am Main 1993.

Bertram, H./ Hennig, M.: Eltern und Kinder. Zeit, Werte und Beziehungen zu Kindern. In: B. Nauck/H. Bertram (Hrsg.): Kinder in Deutschland. Lebensverhältnisse von Kindern im Regionalvergleich. Opladen 1995, S.91-120.

Bloom, L.: The transition from infancy to language. Acquiring the power of expression. New York 1993.

Bollnow, O.F. von: Die Pädagogik der deutschen Romantik. Von Arndt bis Fröbel. Stuttgart/Berlin/Mainz 1977.

BMFSFJ (Bundesministerium für Familie, Senioren, Frauen und Jugend) (Hrsg.): Kinder und ihre Kindheit in Deutschland. Eine Politik für Kinder im Kontext von Familienpolitik. Wissenschaftlicher Beirat für Familienfragen. Stuttgart 1998 (1998a).

BMFSFJ (Bundesministerium für Familie, Senioren, Frauen und Jugend) (Hrsg.): Zehnter Kinder- und Jugendbericht. Bericht über die Lebenssituation von Kindern und die Leistungen der Kinderhilfen in Deutschland. Drucksache 13/11 368. Bonn 1998 (1998b).

Bruner, J.S.: Ce que nous avons appris des premiers apprentissages. In: S. Rayna/F. Laevers/M. Deleau (Hrsg.): L'éducation préscolaire. Paris 1996, S.125–143.

——Wie das Kind sprechen lernt. Bern u.a. 1987.

——Acts of meaning. Cambridge, MA. 1990.

Buck, G.: Rükwege aus der Entfremdung. München/Paderborn 1984.

Dornes, M.: Die frühe Kindheit. Entwicklungspsychologie der ersten Lebensjahre. Frankfurt am Main 1997.

Dreier, A.: Was tut der Wind, wenn er nicht weht? Begegnungen mit der Kleinkindpädagogik in Reggio Emilia. Berlin 1993.

Edelstein, W./Keller, M. (Hrsg.): Perspektivität und Interpretation. Frankfurt am Main 1982.

Fatke, R. (Hrsg.): Ausdrucksformen des Kinderlebens. Bad Heilbrunn 1994.

Faust-Siehl, G. u.a.: Die Zukunft beginnt in der Grundschule. Empfehlungen zur Neugestaltung der Primarstufe. Reinbek 1996.

Flitner, A.: Zukunft für Kinder. Grundschule 2000. Bonn 1996, S.272-288.

Giesecke, H.: Pädagogische Illusionen. Lehren aus 30 Jahren Bildungspolitik. Stuttgart 1998.

Habermas, J.: Theorie des kommunikativen Handelns. 2 Bände. Frankfurt am Main 1981.

Hentig, H. von: Bildung. Ein Essay. München 1996.

Herrmann, U.: Die Rolle der Psychologie in der Entwicklung der modernen Erziehungswissenschaft. In: H. Balmer (Hrsg.): Die Psychologie des 20. Jahrhunderts. Band 1. Zürich 1976, S.1013-1026.

Hoffmann, E.: Die Bedeutung der Erziehung des Kleinkindes. In: G. Bittner/E. Schmid-Cords (Hrsg.): Erziehung in früher Kindheit. München 1968, S.17-33.

Honig, M.-S./Leu, H.R./Nissen, U.: Kindheit als Sozialisationsphase und als kulturelles Muster. In: Dies. (Hrsg.): Kinder und Kindheit. Soziokulturelle Muster—sozialisationstheoretische Perspektiven. Weinheim 1996, S.9-29.

Kahl, R.: Bildung?—Bildung! In: Pädagogik 47/1995, H.11, S.64.

Kaufmann, F.-X.: Zukunft der Familie. München 1990.

Kegan, R.: Entwicklungsstufen des Selbst. München 1986.

Krappmann, L.: Kinderbetreuung als kulturelle Aufgabe. In: W. Tietze (Hrsg.): Früherziehug. Trends, internatiolane Forschungsergebnisse, Praxisorientierungen. Neuwied, Berlin 1996, S.20-29.

——/Peukert, U. (Hrsg.): Altersgemischte Gruppen in Kindertagesstätten. Freiburg 1995.

Krieg, E. (Hrsg.): Hundert Welten entdecken. Essen 1993.

Lenzen, D.: Lösen die Begriffe Selbstorganisation, Autopoiesis und Emergenz den Bildungsbegriff ab? In: ZfPäd. 43/1997, S.949-967.

Lepenies, W.: Das Ende der Naturgeschichte. Wandel Kultureller Selbstverständlichkeiten in den Wissenschaften des 18. und 19. Jahrhunderts. München 1976.

Mollenhauer, K.: Ästhetische Bildung zwischen Kritik und Selbstgewißheit. In: Zeitschrift für Pädagogik. 36/1990, S.481-494.

—— Über die bildende Wirkung ästhetischer Erfahrung. In: Dieter Lenzen (Hrsg.): Verbindungen. Weinheim 1993, S.17-26.

——Wozu Pädagogik? Versuch eines thematischen Profils. In: A. Gruschka (Hrsg.): Wozu Pädagogik? Die Zukunft bürgerlicher Mündigkeit und öffentlicher Erziehung. Darmstadt 1996, S.15-35 (1996a).

——Grundfragen ästhetischer Bildung. Theoretische und empirische Befunde zur ästhetische Erfahrung von Kindern. Weinheim 1996 (1996b).

—— Die Dinge und die Bildung (1987). In: Zeitschrift für Museum und Bildung. Mitteilungen und Materialien 49/1998, S.8-20.

Morss, J.R.: Growing critical. Alternatives to developmental psychology. London/New York 1996.

Neumann, K.: Sozialisationswissen im Wandel: Die Bedeutung der wissenschaftlichen Kinderforschung für die private und öffentliche Kleinkindererziehung. In: G. Erning/Karl Neumann/J. Reyer (Hrsg.):

Geschichte des Kindergartens. Band 2. Freiburg 1987, S.185–231.

——Zeitautonomie und Zeitökonomie. J.A. Comenius und die Dialektik pädagogischer Zeitstrukturen. In: Die Deutsche Schule 84/1992, S.212–223.

——Zum Wandel der Kindheit vom Ausgang des Mittelalters bis an die Schwelle des 20. Jahrhunderts. In: M. Markefka/B. Nauck (Hrsg.): Handbuch der Kindheitsforschung. Neuwied 1993, S.191–205.

—— Der Bildungsbegriff als Integrationskonzept? Pädagogik der frühen Kindheit zwischen Bildungstheorie, Psychologie, Sozialisationstheorie und Kindheitsforschung. In: D. Hoffmann/K. Neumann (Hrsg.): Die gegenwärtige Struktur der Erziehungswissenschaft. Weinheim 1998, S.128–147 (1998a).

—— „Dabei ist das Wohl des Kindes ihr Grundanliegen"—Kinder und ihre Rechte. Anspruch und Wirklichkeit. In: Karl Neumann/I. Burdewick (Hrsg.): Ein bißchen mehr Macht... Politische Partizipation von Mädchen und Jungen. Steinhorster Schriften und Materialien zur regionalen Schulgeschite und Schulentwicklung. Bd. 9. Braunschweig/Gifhorn 1998, S.19–34 (1998b).

Oswald, H.: Sozialisation, Entwicklung und Erziehung im Kindesalter. In: 36. Beiheft der Zeitschrift für Pädagogik. Weinheim 1997, S.51–75.

Peukert, H.: Bildung—Reflexion zu einem uneingelösten Versprechen. In: Bildung. Friedrich-Jahresheft VI. Seelze 1988, S.12–17.

Peukert, U.: Interaktive Kompetenz und Identität. Zum Vorrang sozialen Lernens im Vorschulalter. Düsseldorf 1979.

—— Sinnvolle Alternative oder Notbehelf? Pädagogische Überlegungen zu altersgemischten Gruppen in Kindertagesstätten. In: L. Krappmann/U. Peukert (Hrsg.): Altersgemischte Gruppen in Kindertagesstätten. Freiburg 1995, S.74–89.

—— Der demokratische Gesellschaftsvertrag und das Verhältnis zur nächsten Generation. Zur kulturellen Neubestimmung und zur gesellschaftlichen Sicherung frühkindlicher Bildungsprozesse. In: Neue Sammlung 37/1997, S.277–293.

Piaget, J.: Das moralische Urteil beim Kinde (1932). Frankfurt am Main 1973.

Preuß, U.-K.: Verfassungstheoretische Überlegungen zur normativen Begründung des Wohlfahrtsstaates. In: Ch. Sachße/T.H. Engelhardt (Hrsg.): Sicherheit und Freiheit. Zur Ethik des Wohlfahrtsstaates. Frankfurt am Main 1990, S.106–132.

Preuss-Lausitz, U.: Die Kinder des Jahrhunderts. Zur Pädagogik der Vielfalt im Jahr 2000. Weinheim/Basel 1993.

Roessler, W.: Die Entstehung des modernen Erziehungswesens in Deutschland. Stuttgart 1961.

Rogoff, B.: Apprenticeship in thinking. Cognitive development in social context. New York/Oxford 1990.

Rorty, R.: Der Spiegel der Natur. Frankfurt am Main 1992.

Rousseau, J.: Schriften zur Kulturkritik. Hrsg. von Karl Weigand, Hamburg 1971.

Rutschky, K.: (Hrsg.): Schwarze Pädagogik. Quellen zur Naturgeschichte der bürgerlichen Erziehung. Frankfurt am Main 1977.

Schäfer, G.E.: Bildungsprozesse im Kindesalter. Wenheim 1995.

—— Spielen, Gestalten, Lernen. Gedanken zum frühkindlichen Bildungsprozeß. In: S. Ebert/Ch. Lost (Hrsg.): Bilden-Erziehen-Betreuen. In Erinnerung an Erika Hoffmann. München 1996, S.125–141.

—— /Stenger, U.: Grundlagen der Reggiopädagogik—Reggiopädagogik in der Praxis. In: H. Colberg-Schrader u.a. (Hrsg.): Kinder in Tageseinrichtungen. Seelze 1998, S.135–150.

Schultz, W.: Die Perspektive heißt Bildung. In: Bildung. Friedrich-Jahresheft VI. Seelze 1988, S.6–11.

Spaemann, R.: Reflexion und Spontaneität. Studien über Fénelon. Stuttgart 1963.

Steindorff, C. (Hrsg.): Vom Kindeswohl zu den Kindesrechten (mit Abdruck der UN-Konvention über die Rechte des Kindes). Neuwied 1994.

Tenorth, H.-E.: "Alle alles zu lehren". Möglichkeiten und Perspektiven allgemeiner Bildung. Darmstadt 1994.

—— „Bildung“—Thematisierungsformen und Bedeutung in der Erziehungswissenschaft. In: Zeitschrift für Pädagogik. 43/1997, S.969–984.

Ulrich, P.: Transformation der ökonomischen Vernunft. Fortschrittsperspektiven der vormodernen Industriegesellschaft. Bern/Stuttgart/Wien ^{3}1993.

Wiesbauer, E.: Das Kind als Objekt der Wissenschaft. Medizinische und psychologische Kinderforschung an der Wiener Universität 1800–1914. Wien/München 1982.

Winnicott, D.W.: Vom Spiel zur Kreativität. Stuttgart ^{2}1979.

Youniss, J.: Soziale Konstruktion und psychische Entwicklung. Frankfurt am Main 1995.

—— /Damon, W.: Social construction in Piaget's theory. In: H. Beilin/P. Pufall (Hrsg.): Piaget's theory.

Prospects and possibilities. Hillsdale, N.J. 1992, S.267–286.

Zeiher, H.: Von Natur aus Außenseiter oder gesellschaftlich marginalisiert? In: H. Zeiher/P. Büchner/J. Zinnecker (Hrsg.): Kinder als Außenseiter? Weinheim/München 1996, S.7–27.

第5章　自己同一性をもった主体とは

——どのようなアイデンティティを今日の学校は伝えるべきであり、伝えうるのか——

1　導入——学校のアイデンティティ危機について

学校は、社会で行われコントロールされる社会化を今も担当する機関として存在しているが、もう長い間その機能を果たしておらず、専門分野内外からの批判にさらされている。危機論議をオーケストラに例えるなら、あらゆる楽器がその全音域の音色を奏でているようなものだ。「悪夢の学校」(Struck 1994, S.2)、それどころか「闘争の場としての学校」(例えば『シュテルン』などのさまざまなグラフ雑誌や週刊誌『シュピーゲル』において)といった破局のシナリオが、けたたましく報じられている。一方、「学校の外的事項の問題」(キーワードは、大幅な予算削減による教育諸機関の機能低下、飽和状態のクラス、教師集団の高齢化)と「学校の内的事項の問題」(キーワードは、現実離れ、非効率、学校の質と自律性)は、一貫して冷静に分析されている(例えば、Fauser 1994; Beutel/Fauser 1995; Bertelsmann Stiftung 1996)。何のために学校は今日存在するのか(Giesecke 1995, 1996)、どのような学校を今日私たちは必要とするのか

（例えば、一九九六年の週刊誌『ツァイト』別冊）、といった基本的な問いは――もはや見通しがたいほど多くなった専門書とともに――学校について「新たに考え」なければならないという主張に収斂される（Hentig 1993）。

継続と改革のはざまでゆれ動く学校について長年論じられるにつれて（Gropengießer u.a. 1994）、伝統的な機関である「学校」が危機に瀕していること、あるいはどのような危機に陥っているかが鮮明になった。学校の危機は、一貫して「アイデンティティ危機」と表現されうるものであり、しかも、言葉の二重の意味でそう言える。つまり、「学校」という機関は新しい自己理解を得ようと努力し、学校は多方面からの需要に応じながらその作業を進めている。あたかも学校が今でも、伝統的な自己理解を現実化すること、つまり、自我アイデンティティの確立のための学習モデルを提供することができ、また、そうしようとしているかのようにみなされる。世代が移り変わり、周りの状況は変化するにもかかわらず、学校で学び生活する主体のアイデンティティの保持が求められるのである。別の言葉で言えば、学校改革の必要性を唱える危機論議は一〇年以上前から活発に繰り広げられ、近年では東西ドイツ統一という特殊事情が加わってさらに白熱している。この論議はアイデンティティ問題として再構成されうる。それは、機関としての学校を現代的に定義づけるという意味でもあるし、また、学習目標としてアイデンティティを構想するといった、学校カリキュラム編成の基本的な理念を批判的に再考するという意味でもある。とりわけ後者について、本論では検討していくこととする。

考察の手順は以下のとおりである。第一に、一九七〇年代から現代に至るまでの教育学における基本的概念としてのアイデンティティ概念の変遷をたどっていく。第二に、伝統的な教育学がとらえた自我アイデンティティと主体存在は、近代社会におけるアイデンティティ形成と学校の二律背反に比して、あまりに単純であることを指摘したい。第三に、「児童生徒を思索に導く」と題して、カリキュラム実践のための帰結を展開する。最終的な展望として、アイデンティティ論が蓄積してきた概念や省察枠組みの維持を明確に支持するつもりである。

2　教育学におけるアイデンティティ概念の変遷

アイデンティティの構想が教育科学に、いくらか遅れて学校教育学に取り入れられたのは、教育学が社会科学的転換を遂げるなかでひき起こされた陶冶概念への批判の文脈においてであった――この他の面でもアイデンティティ構想は今日に至るまで極めて豊かな成果をおさめている(Schweitzer 1985; Stross 1991; Uhle 1993)。シンボリック相互作用論や構造主義的・精神分析的な発達心理学の新しいインパクトを受け、ハーバーマスの発達語用論やディスクルス理論から提供された自我の発達過程についての解釈モデルを用いることで(Geulen 1977; Döbert/Habermas/Nunner-Winkler 1980; Habermas 1988; Preuss-Lausitz 1988)、自我と社会・文化的環境との関係を明らかにする視界が新たに開けた。とりわけまた文化伝達の過程として陶冶をとらえるような客観主義的な説明図式の克服も可能に思われた。主体を、単に文化の総体によって特徴づけられる部分としてのみならず、構成的なアクターととらえることによって、陶冶論の伝統のなかに常に存在していた生産的な主体性という基本前提が、社会科学的心理学や超越論的語用論を論拠として再構成された。というのも、アイデンティティ構想は主体のアイデンティティを内面的固定的なものとして前提とするのではなく、環境との相互作用のなかでその都度つくりあげられていくものだと考えるからである。最終的に教育学のなかで概念的な手がかりが発見されれば、「陶冶」はもはや単に客観的に妥当する伝統や制度化された価値の伝承連関への参入として理解されるのみならず、アイデンティティ構想を規準として、教育によって最善の状態に向けられる個々人の主体への発達という目標設定をも規定しうるだろうと考えられたのだ。

一方ではピアジェ・コールバーグ学派、もう一方ではエリクソンが精神分析ないし自我心理学的に基礎づけたアイデンティティ解釈に基づく構想により、「どのようにして段階的にアイデンティティらしきものが形成されるのか」が明らかにされた。すなわち「アイデンティティは同時に、主体の発達の批判的規準となる。アイデンティティは、自然、言語、社会、伝統などとのさまざまな関わりの過程のなかで漸次的に築かれていく。ゆえにアイデンティティは外側から記述されるだけでなく、内側から熟していく。むしろ、アイデンティティは成長していくのだ」(Luther 1985, S.319)。アイデンティティは、主体存在がつくりあげられるまでのダイナミックな過程として分析される。完成された主体存在は、行為能力ないし権限の完全性、ならびに永続的な普遍性と連続性といった特徴をもつ。したがってエリクソンは、生涯に先立ち文化の原型を同一化し、役割拡散の危機を乗り越え、永続的な自我アイデンティティに統合することを、いわゆる青年期における決定的な発達課題とみなしたのである。周知のようにエリクソンは次のように定義づけた。「自我アイデンティティの感覚とは、内的な普遍性と連続性を保持する個人の能力（心理学的な意味での自我を指す）が、他者から見た普遍性と連続性に合致する経験から得られた自信のことである」（Erikson 1966, S.107）。

アイデンティティ発達の心理学理論に依拠しつつ、シンボリック相互作用論を応用しながら示されたのは、自我アイデンティティが相互作用を基盤としてつくりあげられることだった。社会構造を自らの人格構造のなかに写し取っていく能力が発達すると、個人は行為できるようになる。個性は、形式的に見れば、役割を果たす必要があるだけ、つまり、関連集団に属しているだけ多くの自己存在から成る。社会の複雑さを表わすさまざまな役割は、「me（客我）」の審級によって一定の人格ヒエラルキーに組み込まれる。現存する役割強迫とは別に、認知や感情の組織化の結果としてのアイデンティティは、個別化する「I（主我）」のおかげで、距離感を保った批判的省察を受ける。いわゆる自我アイデンティティは、自分自身や他者の求めを相互に認識しあう過程で、換言すれば、「社会的」アイデンティティと「個人的」アイデンティティとを常に「両天秤」にかけるなかで、個性を獲得する。「アイデンティティ混乱」は「アイデンティティ形成に関わる社会関係を受容する能力や戦略が適度に発達していない場合、ないしはそれが妨害されたとき」に生じる(Stross 1991, S.9)。

教育科学においては特に相互作用論に触発されたロタール・クラップマン(Krappmann 1969)のアイデンティティ概念に注目が集まった。クラップマンは「成功した社会化」の規準として、規範と矛盾したり、部分的にしか欲求が充足されなかったりしても、他者とコミュニケーションし、つきあえる主体の発達を掲げた。「不当な抑圧を受けることなくさまざまな行為構想を試すことができ、また、情緒的な配慮を欠くことなく心的葛藤に苦しむ感情を他者に伝えることができ、さらには、個々の解釈を隠す必要なく意味を追求することができるような相互作用の過程に参加するなかで、子どもたちはアイデンティティ確保の適性をつくりあげることができる。このような適性は、とりわけ、以下のようにまとめられよう。すなわち、自省しながらコミュニケーションに関与する力(「コミュニケーション能力」)、状況を相手の立場からも知覚し判断できる能力(「役割取得」)、多義的で、欲求面ではアンビバレントな相互作用の推移に耐えられる能力(「多義性への寛容」)、そして、過剰な期待に真摯に取り組むことのできる能力(「役割との距離」)」である(Krappmann 1983, S.434f.)。

一九七〇年代初頭のモレンハウアーの『教育過程の理論』(Mollenhauer 1972)によって、さまざまな教育領域における陶冶過程をアイデンティティ論として再構成しうる構想が提示された。「社会的次元と個人的次元の調和としてのアイデンティティ形成は、さらにまた、自らが属する集団内で個人が問題や内容の重要性を判定し、具体的な学習展望を獲得する意味の地平の形成でもある。その結果として、次のような主張が正当化される。すなわち、学習の見込みが成立する場合や個々に予測される場合には、個人のアイデンティティが議論の対象となる。つまり、見込みとして示される展望が、完成されバランスのとれた個人のアイデンティティにどれほど統合されうるのか、という問題である」(Mollenhauer, 1972, S.105)。学校教育学に関する文献では、とりわけこの問題は批判的に取り上げられた。例えば、ホルスト・ルンプフの調査研究『授業とアイデンティティ』(Rumpf　1976)やフランツ・ヴェレンドルフの研究『学校における社会化とアイデンティティ』(Wellendorf 1973)が挙げられる。これらの研究において熟慮されるべき事柄は、「学校」という機関の「抑圧性」をどの程度見積もるか、学校における社会化のなかでは「自我の輪郭」(Habermas 1984)を有するバランスのとれたアイデンティティのためにどのような余地が保証されるのか、といったことだった。具体的な日常の授業における「アイデンティティにとって意味ある場面」の詳細な分析を通じてルンプフは、とりわけ「役割の可変性とアイデンティティの調和を抽象的に推奨」するあまりに、「主体を抑圧」する「方法や圧力」を視界から遠ざけないよう細かな注意を向けるとともに、「何らかの関与をすること自体が意味を成さないのではないかと怯えずにすむ」よう尽力した(Rumpf 1976, S.164f.)。

アイデンティティ論の前提をふまえるならば、確かにアイデンティティの発達は、アイデンティティの基礎づけと保持だけに限られない。むしろ、輪郭が見えてくるなかで生じるアイデンティティ探索の恒常的な過程を含むべきだろう。クラップマンは、アイデンティティ構想の最も重要な宣伝者として、「アイデンティティは陶冶構想なのか？」（一九八〇年）と警告的な問いを投げかけ、アイデンティティは最終的な目標提示という性格のものではなく、ただ単に批判的な機能を有するにすぎないことをはっきりと指摘した。「アイデンティティとは何でないかが示されるにすぎない。……アイデンティティの良い範例と照合することはできない」（Krappmann 1980, S.111f.）。だが、本来の意図に反して、アイデンティティ構想は明確にしろ不明確にしろ何度も道具化され、伝統的な陶冶構想によって目指された適性をほぼ操作しうると考えられた。クラップマンやモレンハウアー自身、拡張された自我アイデンティティを当初から解釈パラダイムの限界とみなしていたにもかかわらず、この構想は批判的な仮構と機能主義的な構築とのあいだで奇妙にも宙吊りにされたままだった（Stross 1991, S.32ff.）。数多くの教科教授学に対し、矛盾を孕んだ「自我アイデンティティ」という学習目標の特性が示された。それどころか、例えば、伝統的な批判理論の影響を受けたW・D・レーフスが示した哲学の授業のための教科教授学構想は、哲学の授業において「意識主体のアイデンティティの再構築」（Rehfus 1980, S.26f.）を主導原理として重視すべきだという基本思想から成り立っている。だが、その際、とりわけこの文脈では当然のこととされるTh・W・アドルノの警告、すなわち、到達可能と想定された完全な自我アイデンティティの有するイデオロギー的含意については、まったく考慮されていない（Adorno 1970, S.275参照）。

学校での学習過程を方向づけるためにアイデンティティ概念が補充されたことにより、さらに一層、アイデンティティの達成および形成が重要であると考えられた。アイデンティティは、個人の生育過程の――生育は最良の条件下で進むと前提されている――ある特定の時点で到達可能とみなされる。アイデンティティ構想を独自に理論的な道具として利用したことで、自律した主体という伝統的な教育・陶冶理論上の構想を部分的な権限（例えば、自我、事物、社会などの権限）として考案したり解体したりする可能性、あるいは、別様に言えば、カリキュラムを構想する際に、社会科学、発達心理学、発達語用論の立場から展開された主体概念の規範的な特質を記述的に把握する可能性が開けた。この可能性は非常に魅力的なものであるがゆえに、主体概念ないし自律概念という幻想のイデオロギー性を当初から完全に見抜くことは困難であった（Meyer-Drawe 1996）。とりわけ伝統的に制度的なアイデンティティの強制を主たる領域とする学校教育学にしてみれば、アイデンティティ論による構想の新しいモデルは、教育される主体という古来からのアポリア、すなわち「他者決定への自己決定的な肯定を要求する」アポリアを容易に解決するように思われた（Rang/Rang 1985）。

自我アイデンティティの概念により、一人前の主体という教育的理想像が現代の複雑な社会においても、確かに根本に不安を抱えながらも、基本的に「理性的な」自己同一的な主体として再構成されうるという誤解が生じた。漸進的な社会の個別化や多元化に直面したにもかかわらず、その内部でアイデンティティ形式を現代化する社会の複雑さや学校の二律背反については――近年の学校批判論議に見られるように——軽視されたのである。

3　(ポスト)近代社会における複雑なアイデンティティ形成と学校の二律背反

さまざまな改革が試みられ、たえず学校改革の必要性が叫ばれていることは、「学校」という機関が近代社会と社会化による社会参入との根本的なジレンマを解消していないことを、つまり、「速やかに十分に大人が考えを変えることの難しさ」と「めまぐるしく変化する生活を生き抜くための手本なしに子どもが成長することの難しさ」とが調停されていないことを明るみに出す徴候のように思われる(Hentig 1991, S.11)。多元的で、極度に細分化された、変化のスピードの速い社会のなかで教育を行うことは、実践的にも理論的にも解決しがたい問題に保護者や職業教育者を直面させる。「悪循環」と言うこともできよう。すなわち、より寛大になっていく社会は、一義的な規範と一般に受け入れられるようなアイデンティティ発見の文化的解釈図式とを伝達する学校に、何を期待するのか。教育的な状況において、例えば学校のなかでは、決定が下されなければならない。どのような価値や規範がそこでは主導的になるべきなのか。教育的行為は、原理や、可能なかぎり操作可能な学習目標へと方向づけられる。「あらかじめ内容豊かな教育の基準を設定することができるよう、社会は、社会の現在および未来についてのイメージを描かなければならない。……価値や規範は、賛同が得られれば、宗教や哲学によって最終的に正当化されるに違いない。あるいは、歩み寄りの結果として社会的なコンセンサスを得るはずである」(Radtke 1994, S.101)。

だが、まさにこのコンセンサスが、しばしばポスト近代社会と特徴づけられる現代社会においては、なくなってはいないけれども、危機に瀕している。「今日的な多元性のあり方とは、主体に数多くのコンセプトや生活形式が同等にゆだねられることを意味し、それらは一面において正当性を有し、その内実については賛同しうるものである。その結果、主体はそれぞれの状況に応じて、あるときはこのように、あるときは別のように――だが、いつもその都度しっかりとした根拠のもとで――振舞うことができる」(Welsch 1991, S.352)。ヴェルシュの主張に従えば、「今日、人々は、さまざまな合理性や現実情勢が果てしなく入り混じった状況のなかで行為しなければならない。これらは互いに充足しあうこともあるが、同時に、排除したり否認したり、汚染したり、あるいは変化させたりすることもある。理性とは次第に、こうした多元性のなかで適切に行動できる能力を指すようになるだろう」(Welsch 1992, S.45)。

複雑な主体性という新しいスタイルは、学校での社会化を根拠づけていたはずの従来のアイデンティティやアイデンティティ発達に関する構想と明らかに矛盾している。近代教育学は伝統的に、自律して行為できる児童生徒を理想とし、実現しようとしてきた。まさしくこの行為能力をもち、自己同一的な人格タイプが、一九六〇年代から一九八〇年代まで高く評価された。だが今日、個別化および多元化が進行するなかで、このタイプを模範的な人物像とすることは理論的にも実践的にも疑わしい（E. Hoffmann 1994参照）。自律性という幻想をめぐる知は、より複雑で広範なものとなっている（Meyer-Drawe 1990; Beck u.a. 1995）。「目指すべき、明示された定点という意味でのアイデンティティは（もはや）存在しえない。近代社会に生きる人間がアルキメデスの点、制御あるいは解釈の中枢を知らないように、今日の不安定な主体のアイデンティティの核は唯一ではなく、非常に流動的なものである。……一九九〇年代には、多種多様な選択可能性のあることが、児童生徒、保護者、教師の考えのなかで大勢を占めている」（E. Hoffmann 1994, S.28f.）。社会的な方向づけの可能性が多元的で、個人の自己実現にほとんど拘束がなくなると、学校教育は授業内容を選択し決定する際、それを任意的な周辺部に追いやることになる。それでは、どのような規準に従って、教育内容についての決定が下されるべきなのだろうか。「カリキュラムに関わる未来の鍵的な問題は、平和、エコロジー、または自由、正義だろうか。あるいは、それよりもむしろ、満足できること、平静でいること、観想すること、創造性だろうか。あるいは単に良い気分でいることだろうか。これほどまで広い射程をもった数々の目標について、どのように調停できるのだろうか。学習の個別化、授業過程の自主的編成、あるいは授業そのものの自主的編成、原理から導き出した模範は、単に方法論的なものであり、教授学的に満足できない出口を示すだけだ」（Radtke 1994, S.109）。

現代社会において解釈や意味付与の基本図式が多元化するなかで必然的に自己解釈の基本図式も変化し、その結果、「学校は今日、教師だけでなく児童生徒にとっても、多くの部分を主体的な営みとみなされるはずだ」という事態が引き起こされるのは不可避であった（Ziehe 1984, S.118）。このことは以下の二例によって明らかにされるに違いない。「以前の学校はいかに象徴的に機能していたか」というしばしば引用される文化批判的な調査研究において（a.a.O., S.118ff.）、トマス・ツィーエは次のような彼自身の学生時代（一九六〇年代初頭）の「記憶心像」を報告している。「一一月には学校で大戦時の戦死者が話題になった。国民哀悼の日である。私たちの学校には、厳重かつ豪華に装丁された大きな記念帳があった。この記念帳には戦禍にみまわれたかつての生徒や教師全員の名前が飾り文字で記されていた。回想をシンボリックに表現するという課題が最上級生に与えられた。それだけでなく、授業時間ごとに二名の生徒が通夜のようなことをした。二人は台座の上に置かれた記念帳の左右に立った。記念帳は紐解かれており、『番人の交代』のたびに一ページずつめくられた。ダークスーツの着用は、前もって指示されなかったが、自明のことだった。私が主張したいのは、私たちが大講堂での儀式を特別に意味深いものと感じたとか、私たちは実際にこのような『通夜』に感動したということではない。あまりに誤った問いが立てられたのではないだろうか。私たちはこのことの意味をまったく問わなかったのだ」（a.a.O., S.120）。

明らかに当時はまだ、一般的で学校文化的な雰囲気が、伝統にしばられるとまでは言わなくても、伝統として存在していた。これに対して、学校内の文化的図式の「意味づけの確かさ」がどれほど「崩壊して」いるかは、次のような現代のギムナジウム生の描写によって示されるだろう。「一八歳の誕生日に、スヴェンはガールフレンドと一緒に週末を過ごすため、飛行機でパリに行く。機内ではチェルノブイリ原発事故の後遺症に関する新聞記事を読む。月曜日に彼は、予告されていた試験に出席できないことに気づき、予備日をとってくれるよう依頼する。原子力発電所における特大級の惨事について即座に弁論したいと届け出る。教師の発言について、スヴェンは時々『それはおかしい。私の知っている情報はまったく違う』と論評する。校内でにぎやかに論議されている男女共学の問題に関して、彼はさまざまな意見を述べる。女子生徒と男子生徒が一緒に授業を受けることに対して、あるときは賛成し、あるときは反対する。スヴェンはいろいろな方法でアクチュアルな出来事に対する立場を決める。例えば、残虐な犯行だからという理由で死刑を要求したり、その直後に社会復帰措置を支持したりする。

スヴェンはしばしば無断で二、三日欠席し、地理の授業中にはおおっぴらに——机の上に試験用紙を出して——運転免許試験のための勉強をし、校則や議決事項での決定に疑問を投げかけ、都合のよい取り決めにはちゃんと従い、性教育の授業を受けようとせず(「今となっては遅い」)、教師がプライベートな問題について話すことを不適切で嫌なことだとみなす。スヴェンはジャーナリストかエコ・マネージャーになりたいと思っており、『シュピーゲル』か大衆紙を——暇があれば——読み、自衛消防隊を時代遅れとみなし(「プロに任せるべきだ」)、自由時間には私立の語学コースに通う。チューターとして彼は下級生にコンピュータの基礎を教える。

簡単に言えば、スヴェンや彼の友人はほとんど他の学校や訓練機関に通っており、スヴェンはさまざまな役割を担い、毎日いろいろなことをしている。学校は、彼のスケジュールのなかで、他にも数あるうちの一つの行事なのである」(E. Hoffmann 1994, S.34)。

これら二つの事例は、学校に関わる者すべてにとって、学校での成長や学習の意味づけの余地や自我アイデンティティ発見の余地が広がり、今日では学校の維持すら難しくなりつつあることを端的に裏づけるものであろう。教師たちは――ツィーエは彼らをそれゆえに「文化と人間関係に関わる仕事をする人々」と特徴づけようとするのだが――自らと児童生徒のために常にまず意味の連関を築かなければならない。「正当化問題は……潜在的にいつでもどこにでも存在する。今すぐにも起こりうることを『そもそもなぜ私たちがしなければならないのか』。論理的に考えれば難しくないが、論証的に語ることは難しい――気持ちは動くが、非常にナイーブだ」(Ziehe 1984, S.127)。学校は生活に対して開かれているべきだ、という万能薬のように数々の問題を解消してきた主張は、こうした状況下でも無制限に有効である。なぜなら、開かれた社会における生活は、まさしくこの個別化された多元的な主体のアイデンティティのデザインという文化的な意味図式によって特徴づけられるからである。あまり複雑でない伝統主義的な模範像のイメージと切り離して、近代社会におけるアイデンティティ形態の複雑さに取り組もうとするならば――この提起は目下のところ、例えば最近流行の価値教育のように、さらなる秩序と学校への方向づけに対する要求を含んでいる――、陶冶や学校に関する論議が発展するに違いない。この論議の主題は次のようなものである。すなわち、「近頃の逆向きの安全性要求が優位を占めないように、アンビバレントな文化の近代化に対峙することを、私たちはどのように教えうるだろうか。したがって、重要なことは（トマス・ツィーエがすでに一九八四年に指摘したように―引用者註）、現実への抵抗に徹することと、単に現実の学校を開くだけではないことである」（Ziehe 1984, S.133）。だが、実際にはどうすればよいのだろうか。

4　児童生徒を思索に導く――脅かされたアイデンティティへの対処法を学ぶために――

無限に加速する社会および経済の近代化のプロセスを通じて、また、その結果として生じた子どもや青少年の変容によって、学校は未曾有の変化の様相を呈している。啓蒙的な近代社会における古典的な教育目標は、自己決定能力、共同決定能力、連帯能力など、社会が細分化するなかでの自律性であったが（Klafki 1985, S.17）、これらの目標は今にも内側から崩壊しそうである。それゆえ、児童生徒たちは目標に到達できないだろうと、多くの教師が嘆いている。

教育学、とりわけ学校教育学は、この危機的な「時代の特徴」（Bildungskommission NRW 1995, S.23ff.）

に対して明確な啓蒙図式に則って反応しようとし、危機を挑発ととらえて構想的な回答を追求した。『危険社会』(Beck 1986) や『体験社会』(Schulze 1993) という条件の下で、どのようにすれば、自己決定、社会的責任、共同決定能力が開花し育まれるのだろうか。あらゆる構想の原則は、内容、手段、組織形態の革新を通じて目標の継続性を確立することである。教育学はそれゆえ不遇な時代にあっても、部分的には補償的に、部分的には構成的に、近代のプロジェクトを革新戦略に基づいて推し進める」(Fleischer-Bickmann 1994, S.62f.)。このとき、「進歩主義教育」(Hentig 1991) といった改革教育学の理念がルネサンスを迎える。明らかに教育学は、とりわけ学校教育学は、現代における近代化の危機に立ち向かい、原理から離脱する流行のポストモダン論議を乗り越え、再帰的近代の精神に基づき学校や学校文化を蘇らせようとしている。これらの努力は、「解放を目指した個別化」(Neumann 1995, S.362ff.) という陶冶構想における主導的テーゼととらえられるが、このテーゼ自体、すでにこの企てが孕む矛盾と困難を明示しているのだ。

脱伝統的で脱規範的な作用を伴う社会変化や価値の変容により、政治と同様、教育学も新しい挑発にさらされた。既存の政治が社会の統合に寄与する可能性への信頼を失い、市民と既存の政治との距離が広がれば広がるほど、社会民主派による政治の価値基準についての疑問や、その「最低限の倫理」(Klein 1994) に対する疑問が増大した。「いたるところで市民は不愉快で、不満足で、不機嫌であった。基本的なモラルの方向づけ、規準、拘束力のある価値体系——商業界においては多様な試みと刺激が存在するなかで指針として機能しえている――への要望は強い。倫理に関して最低限のコンセンサスがなければどんな社会も成立しないからである。どうすればコンセンサスは得られるのか」。このような、あるいはこれに類似する探索報道は、マリオン・グレフィン・デンホフが一九九四年九月一六日に『ツァイト』誌の表紙に掲げたように、学校の機能不全に関する破局報道と同じく、たえず有名新聞や週刊誌を賑わせている。遅くとも一九八〇年代以降、「価値に関する言明は……これまで発言として何の意味も成さなかった」にもかかわらず(Hentig 1988, S.332)、価値の退廃というレトリックの文化悲観主義的な哀れさが薄まることはなかった。それどころか、「価値の喪失について」嘆くことは「流行(で儲かる)話題になっているようだ。その例として、ウルリヒ・ヴィッカートの著した『正直な者は無知である』(Wickert 1994)や『徳の本』(Wickert 1995)の出版の影響が考えられる。これらの著作では明らかに市民に向けたアピールがなされた。市民は、近代社会のなかで伝統的に伝えられてきた啓蒙された個人の役割を今後も引き継ぎ、自由な決定によって自ら(道徳的な)主体であることを望むとみなされる。だが、アイデンティティを確立する行為という意味での自由な自己決定とは、「個々の生活」が反省の主体や客体としての個人を放棄するような立場を数多くのオプションからつくりあげるとき、何を意味しうるのか(Vossenkuhl 1995, S.209ff.)。

多元的なルールがコンセンサスを得た現代社会において、自由も、批判の自由も十分に享受したその裏面には、明らかに不安がともなっていた。自由を保障する多元的な利害闘争のルールそのものが危機に陥っているように見えたのだ。「ヨーロッパにおける犯罪的メンタリティ」の蔓延に関するシュテファン・ヴェオスキーの分析(Wehowsky 1994)に刺激されて、ウルリヒ・ベックは「価値の崩壊と犯罪の脅威との二重ドラマトゥルギー」を究明した。すなわち、「なぜ急に『国民』や『家族』について盛んに論じられるようになったのか。もはや『国民』や『家族』が存在しないからである。これから伝統が発明されるに違いなく、伝統の特許局を創設する必要が生じるだろう。たとえすべてが反転しても、未来は消滅しない。……世界秩序は崩壊する。別の近代への出発のチャンスだ。しかしながら、ヨーロッパには、自由への不安という亡霊が徘徊している」(Beck 1994, S.250)。

　教育学は「文化が浸食される危機」(Negt 1994, S.276)状況のなかで、特に喜ばしくない立場に置かれている。一〇〇年以上にわたって機能している社会と教育との共同作業により、教育学には――事情を把握し続けるべく――陰に陽に、ベックが主張した「伝統の特許局」という役割が与えられる。はるか以前に確定されているように、教育学は「生の形式」の誤りを補填しないし、教育学は政治の代用品としての機能を果たしえないにもかかわらず、例えば極右の不法行為は誤った方向に進んだ教育の結果だと解釈されることもある。

　近年の児童生徒研究や青少年研究で明らかにされていることによれば、「統一ドイツの子どもや青少年は、一般に多彩な市民的価値観にしたがって」行動している(Merten 1994, S.236)。価値の変容は起こりうるのだから、「ポスト物質主義的」価値ないし自己発展的価値が、価値の変容によって意味を獲得すれば、必ずしも「物質主義的」価値ないし義務・受容価値を排除するものではないことが明らかになる(Klages 1994)。このような観点のもとで、失われたと推測される価値よりもむしろ教育的行為の可能性に関わる社会的条件の変化について問われるべきであろう。

多元化社会において、学校が率先して道徳的な方向づけの尺度の維持に責任を負うことは不可能であろう。それにもかかわらず、教育学は以前から「生活世界の近代化が孕むパラドックス」について、新しいアイデンティティ形成を可能とするために、明らかにしようとしてきた(E. Hoffmann 1994)。その際、個性化とは何よりも自己決定を意味するのであり、決して社会的連関の崩壊に直結するはずがないと考えられてきた(Vester u.a. 1993)。確かにこのとき一緒に示されるのは、「もはや誰も客観的な意味連関のなかだけにとどまれないし、同時に、個人の判断力や自律性を失わずにいられない」ことであり、また、「関連性の問題について模範的な解決策は存在しえない」ことである。個性化の過程としての革新的な陶冶過程は、今日、必然的に「脅かされ破壊されたアイデンティティへの対処」についての学習を含む(Negt 1994, S.282f.)。この「脅かされ破壊されたアイデンティティへの対処」についての学習に中心的な位置価値を認めるというオスカー・ネクトの主張は、学校や学校教育学に対する構想的で構造的な帰結として、どのようなことを導出するだろうか。

さらに加えて学校は、社会的欠陥の修復工場といった望みのない役割を負い続けられないし、学校自体が伝統的な形成・責任構造を基盤としているのだから、もはや明らかにそこでの修復の基準が未来の能力を維持しうるはずがない。学校改革がさらに推し進められるべきこと、あるいはどのように推し進められるべきかについては、すでに一九七〇年代末に、一九六〇年代から一九七〇年代の学校改革の「失敗の進展」(Flitner 1977)が冷静に確認された後、基本路線としては以前から明白になっている。人間的な学校は、学習および生活の空間としての学校という構想がある場合にのみ、未来へのチャンスを有するという考えは広く受け入れられている。

こうした状況のなかでまさに出版されたノルトライン・ヴェストファーレン州教育委員会の報告書『教育の未来——未来の学校』(Bildungskommission NRW 1995)は、未来の学校像を「学習の家」というイメージで展開したものであり、特に注目を集めた。学校は「豊かな知識」を伝達する場にふさわしく、自ら発展し学習する組織ととらえられたのである(a.a.O., S.XV)。さらにまた、報告書のなかで提案された以下のような学校の新たな重点課題についても合意可能であろう(a.a.O., S.XIIIf.)。

- 知識伝達と人格形成が統合的に考えられるべきであり、より一層緊密に関係づけられなければならない。
- 教科の学習と教科を越えた学習とが同じ比重で扱われなければならない。
- 社会的な学習は、子どもと青少年が一緒に、また、さまざまな出自の保護者とともに、行うべきである。
- 伝記的、歴史的な、また環境に関わる経験と関連づけた応用志向の学習が不可欠である。

・個々のアイデンティティを見いだすこと、他者のアイデンティティを尊重すること、差異に敬意を表することを、学校で実践しなければならない。

報告書全体への評価に立ち入る場ではないだろうから、ここでは、アイデンティティを促進する学習を統合し、教科と教科を越えた学習の新しい調和を提案する観点を取り出すだけにとどめたい。加えて強調し注目したいのは、現代の学校における教科の配分構造をむしろ周辺的な位置から際立たせるような学習領域である。私たちがテーマとして関心を抱くこと、すなわち、いたるところで叫ばれている意味、価値観、アイデンティティの危機の解決に真正面から取り組んでいるのが、「意味や価値の方向づけ」という学習領域ないし学習次元である。

現代社会、家族、学校における方向づけや意味といった問題は、主体、成人や青年の才能によって、意味や価値の問題についての反省と決定能力に応じて、それどころか生涯にわたる学習過程のなかで、はじめて充分に身につけられるものである。このことに顧慮するならば、より一層代表的な位置を占めつつある「意味や価値の方向づけ」という学習領域についても教科のカノンのなかで熟考することが無条件に必要であろう。

この点について考える際には、現状から出発する必要がある。すなわち、現代性からはむしろかけ離れた特定宗派の宗教の授業が優勢を占めており、カリキュラム上、倫理、哲学、人生設計、あるいは価値、規範といった、それぞれ重点の置かれ方の異なる必修科目や選択科目に学習領域が分岐しているという状況から始めなければならない。諸教科は不毛な競争をしている。さまざまに価値づけられた諸教科がテーマ的に重複しているがゆえに、とりわけ学習領域の基礎科目や特定宗派の宗教の授業が陥っている危機への対処として新たに考慮されねばならないのは、自分自身や世界との関係という問題を学校において現代的にどのように提示することができるのか、である。また、教科の授業と教科横断的な授業を、アイデンティティを促進する学習という意味を視野に入れながら提供することの限界の問題については、言うまでもない（Nipkow 1993）。

危機的な状況にある宗教の授業は「教科教育学の革新に多くを依存しながら、宗教への懐疑的なメンタリティが増大するのを防ごうとする試みに着手した。それにもかかわらず、児童生徒は教授学的な技能や善意による方法論上のアレンジに対して以前より無関心である。好意的な無関心は、宗教的な思考や発言がより主観的で個人的なものになり、宗教に関する知識が静かに蒸発していることから明らかなように、伝統が根本から崩れていることを示唆する」（Fleischer-Bickmann 1994, S.63）。

宗教の授業は根本的な正当化の危機に瀕した。なぜなら、学校の近代化の過程におけるよく知られた犠牲と同様に、世界が伝統や魔術から脱して実質的な方向づけの形式を確立した結果、宗教の授業は特に大きな影響を受けたからである。これまで以上に重要な学習領域として「意味や価値の方向づけ」を正当化できるだろうかという懸念を抱えながら、多元性のなかでの宗教の授業の立場と観点を新たに決定しなければならない。だが、さらにラディカルに問われるべきことは、どのようにして学校は人間の自己関係の基本的な諸側面との関わり方、つまり「アイデンティティと協調」の問題について(Denkschrift 1994)、組織的にカリキュラムにどのように組み込んでいくべきなのか、である。例えばブランデンブルク州のモデル実践「人生設計―倫理―宗教」が企図したように、特定宗派あるいは宗教と切り離して学習領域を開拓することは、今日の児童生徒の世代にとってはるかに魅力的で有意義なのである(Ministerium für Bildung, Jugend und Sport 1991; Eggers 1993)。

未来の学校の「価値や意味の方向づけ」という学習領域に関して、どのようなカリキュラムを構成していくべきか、例えば哲学に重点をおくべきだといったフライシャー-ビックマン(Fleischer-Bickmann 1994)の提案について、ここで詳しく説明することはできない。これについては多くの論者が私と同様の視点から言及している。より重要な、それどころかまさしく決定的なことは、時間割全体の中でまったく異なった位置価値がこの学習領域に与えられねばならないということである。若い人々を人間的な生活に方向づけようとする学校改革は、学習空間や生活空間を自由に活用すべきであり、――最低限であろうが――教科と教科を越えた授業を調和させるためにその比率を変えていくことも必要である。学校改革に際してはとりわけ未来の学校を知や価値の急激な変容に適合させることが重要であるから、知や認識の構造の変化を個々の教科や学習領域に組み込んでいけるようなカリキュラムを創造する必要がある。特にこの観点については、先述したノルトライン・ヴェストファーレン州の「報告書」に興味深い提言がある。すなわち、全員に共通した目標が掲げられるが、自主的編成の余地が非常に大きく個人に委ねられる「コア・カリキュラム」を出発点とするのである(Bildungskommission NRW 1995, S.104)。

先述したように、この新しいカリキュラム構造においては、子どもや青少年が哲学することに非常に高い位置価値が広く認められている。再びノルトライン・ヴェストファーレンの「報告書」を引用して、「認識への関心や自主的な学習、個々の学習を反省し最適化すること、そして能力を新たに身につけること、個々の自己効力感に対する基本的信頼、柔軟性、コミュニケーション能力、協働能力、創造的な思考」といった鍵的な資質を習得するために必要とみなされる一般的な能力のカタログを吟味すると(Bildungskommission NRW 1995, S.113)、いずれも明らかに伝統的な哲学的思考の主要な要素に言及している。

すでに一九五〇年代にTh・W・アドルノは、一方的に知識や技能に方向づけ、知識の獲得を科目ごとに細切れに分割するような教育実践(大学における実践についても)を激しく批判した。私たちが「子どものときは皆、哲学者であったが、常に実体的な領域に分ける公教育を通じて、哲学は見事にたたき出されてしまう」(Adorno 1958, S.141)ことが、アドルノの前提である。未来の学校において若い人々が思索に導かれ(Martens 1990)、特にまた「脅かされ破壊されたアイデンティティへの対処」(Negt 1994)に関する実り豊かな学習の実現が中核として重視されるならば、学校の学習形態や学習組織も(再び)「より哲学的に」なるだろうし、少なくとも、学校における「意味や価値への方向づけ」のためにすでに設けられている学習領域が明らかに重要な地位を占めるよう配慮されるにちがいない。

このような方向性への社会的要望は拡大しているように思われる。例えば、保護者がカトリックにもプロテスタントにも特別な信仰をもっていないのに特定宗派の学校への入学を希望する子どもや、あるいは、保護者自身はルドルフ・シュタイナーの人智学を信奉しているわけでは決してないのにヴァルドルフ学校に入学を希望する子どもが増え続けていることから、このことは看取できよう(Struck 1994, S.159ff.)。これは一般的に、たとえて言うなら「今にも起こりそうな気配」がする「熟慮の文化」への流行の転換を示している(Fleischer-Bickmann 1995)。数ヶ月来、哲学書が実用書のベストセラー上位にランキングされていることは、偶然ではないと考えられる。私が思い描いているのは、すでに言及したウルリヒ・ヴィッカートの著作や、特にまたヨースタイン・ゴルデルの『カードミステリー』(Gaarder 1995)や『ソフィーの世界』(Gaarder 1993)といった子どものための新刊哲学書である。

どうすれば人間にとって「善い生活」をイメージできるのか、何が本来的に日常的な行為を主導するべきか、などの問いを抱くと即座にぶつかってしまう真空状態は、明らかに、挑発以上によりもしっかり受け止められているだろう。人間の品格、尊敬や敬意を確かなものにし、争いの際には教養ある解決を指揮できる価値や規範の体系について、広く論議されている。なぜならば、納得のいく価値や規範の体系が成人世代によって提示されないからである。人間が民主主義、正義、自由や自律性を達成し、そのなかで生きるには、どうしたらよいのか。明らかに、拘束力を持つ規範や価値は、皆が一緒によく考え、話し合うなかで(再び)獲得されうるものであり、考えたり話し合ったりすることはできるだけ早く、子どもの頃から実践しておくべきである。これをふまえると、子どもが哲学することはほぼ最重要事項になっているし(Horster 1992)、未来の学校における学習や生活の形態にも影響を及ぼしうるにちがいない。

このような学校改革の基本的思想は、教授学的な観点からも納得できるものであり、授業の形式にも反映される。授業における探究活動の過程は、現代社会におけるアイデンティティの獲得に特徴的なもので、それ自体、教授学的に確定的なものである。これらの教育学的・哲学的な学校は、依然として主に知識伝達と機会配分を行う機関としての学校以上に、いつまでも関係者全員にとって格段に満足できる学校のあり方だと私は確信している。もちろん、そこに至る道には――最近の教育政策論議が少なくともいくつかこの方向への道しるべを示している――多くの障害物があり、特にカリキュラムのカノンに定着している教科のエゴイズムによって阻まれるという現実主義者の考え方についても(Becker 1993)、私は十分に理解している。若い人々を思索と行動に向かわせ、教育学がその目標として断念しえないもの、つまり、自己と同一した一人前の主体となるための学習援助を彼らに提供することが、おそらく唯一、成果を確実に見込める道であると思われる。

5 展望——アイデンティティ概念の教育学的潜勢力

現代社会における個人の問題の複雑さに直面したとき、あらゆる生活領域における「アイデンティティ」を安定させ、あるいはバランスをとりながら、「自我アイデンティティ」は常にリスクを抱え、多元性への要求をコントロールする支点ないし視点程度のものとして『自我』という名の巨大建設現場」(Thadden 1995, S.30) に参入するようになる。「アイデンティティ」や「自律性」といった言葉は、今日、自律的に行為しうる主体の発達に伴う困難を隠すよりもむしろ開示するものであるという指摘は、言うまでもなく当然だろう (Mollenhauer 1996, S.32)。「私たちは未知の社会に生きており、知とともに未知は深まる。その原因は、特に、社会的な事柄や政治に関わる事柄を扱った辞書がすべて古くなってしまった点にある——だが、これらの概念は広く使われ続けるものである」(Beck 1994, S.466)。インフレ気味に用いられるアイデンティティ概念は、このような「古びて」——そのうえイデオロギーに侵食されやすいという理由で——捨てた方が良い概念群リストに組み込まれるのだろうか (D.Hoffmann 1997 参照)。

現代における成長過程の個別化の二面性を批判的に評価し、アイデンティティ概念がイデオロギーに侵されやすいことを批判するとき、イデオロギーにとらわれて新たなものを取り入れようとしない教育学の傾向性が論拠とされやすい。その現象の一例として、社会科学ならびに教育科学の道標となるクラップマンの研究『アイデンティティの社会学的次元』(Krappmann 1969)が、一九九三年には改訂八版を重ねたという事実が挙げられる(D. Hoffmann 1997参照)。確かにこの事実は、クラップマンがすでに一九七〇年代初頭に社会的な個性化の意味内容をＧ・Ｈ・ミードの社会哲学と関連づけながら社会科学および教育科学に向けて描写し解明しえたことをも示している。その結果、今日に至るまでこのモデルを用いて、社会化ならびに教育の過程をより一層複雑化する社会関係のなかで記述することができたのである。ベック(Beck 1986)によって示された「危険社会」という近代化論モデルについても同様である。この観点から言えば、理論的にさまざまに攻撃を受けやすいアイデンティティ論のレパートリーを放棄する必要はまったくない。逆に、イデオロギー批判に反映させることで、自律した主体性の今日的な形態を再構築する助けを得られるに違いない。現代社会に不安をもたらす再帰的な主体の存在形態を分析しうるような比較説明力を持った理論は、まだ存在しないだろう。

このことはとりわけ教育学にあてはまる。モレンハウアーは初期のさまざまな著作のなかで、教育学におけるアイデンティティ問題の位置規定を試みていた。現代における個人の周縁的な位置づけは、「現代のアイデンティティ理論が人生経過の達成された発達モデルとして私たちに叙述して見せる、あの慣習化された自我の意味において」確定されえない。「アイデンティティ問題」は「陶冶過程の計画不可能性」を顧慮したとき、むしろ「自己関係の痕跡に注意」を正しく向けることによってのみ解決される(Mollenhauer 1985, S.158ff.)。間主観的にとらえられた「アイデンティティ」概念のもっともらしさは、依然としてこの概念が「社会の個性化とは逆の側面を綿密に区別するための手段」を産み出すように思われるからにすぎない(Habermas 1994, S.441f.)。例えば「労働とアイデンティティ」(Baethge 1994)の関係について明らかにする際に、あるいは極右主義状況の成立に関する研究(Heitmeyer 1987, 1992)や、極度に細分化された社会のなかで『個々の生活』を個人が引き受ける」(Beck 1996)とはどのような意味なのかについて問うた膨大な数の文献全般において、この概念が一貫して社会科学ならびに教育科学の分析の中心的な構想として存在してきたことは、不思議ではない。

教育学においては依然として「自我アイデンティティ」を構築しようとする挑戦がある。「アイデンティティ限界論」には別れを告げて、その代わりに「多様性、他者性を含みながら個人らしさを獲得し構築するアンビバレントなアイデンティティの可能性」(Beck 1994, S.475)を視野に入れている。ハイナー・コイップは別の立場からクリスタ・ヴォルフの主張に注目する。すなわち、私たちは「不安から幸せを取り出す」ことを学ばなければならず、これは「誰が私たちにこのことを吹き込んだのか」という懐疑的な問いに直結する、と(Keupp 1996, S.10)。このような主張が教育学、とりわけ学校教育学に与える帰結、必要な「正常性の構想」、あるいは新しいカリキュラムの構築ですら(Mollenhauer 1996, S32ff.参照)、いまだ充分に示されていないのである。

文献

Adorno,Th.W.: Vorlesung zur Einleitung in die Erkenntnistheorie. Universität Frankfurt/M. WS 1957/58. Frankfurt o.J. (Junius-Drucke).

——Negative Dialektik. Frankfurt 1970.（木田元・徳永恂・渡辺祐邦・三島憲一・須田朗・宮武昭訳『否定弁証法』作品社、一九九六年）

Baethge,M.: Arbeit und Identität. In: U.Beck/E.Beck-Gernsheim (Hg.): Riskante Freiheiten. Frankfurt 1994, S.245-261.

Beck,U.: Risikogesellschaft. Auf dem Weg in eine andere Moderne. Frankfurt/M. 1986.（東廉・伊藤美登里訳『危険社会——新しい近代への道』法政大学出版局、一九九八年）

——Angst vor der Freiheit. In: DER SPIEGEL 38/1994, S.248-250.

——Neonationalismus oder das Europa der Indibiduen. In: U. Beck/E. Beck-Gernsheim (Hg.): Riskante Freiheiten. Frankfurt 1994, S.466-481.

——Das "eigene Leben" in die eigene Hand nehmen. In: Pädagogik (48) 1996, H.7/8, S.40-47.

—— /Vossenkuhl,W./Ziegler,U.E.: Eigenes Leben. Ausflüge in die unbekannte Gesellschaft, in der wir leben. München 1995.

Becker,G.: Religionsunterricht in der allgemeinbildenden Schule. In: Der evangelische Erzieher 45 (1993), S.154-169.

Bertelsmann Stiftung (Hg.): Schule neu gestalten. Gütersloh 1996.

Beutel,W./Fauser,P. (Hg.): Politisch bewegt? Schule, Jugend und Gewalt in der Demokratie. Seelze 1995.

Bildungskommission NRW: Zukunft der Bildung—Schule der Zukunft. Neuwied/Kriftel/Berlin 1995.

Denkschrift der EKD: Identität und Verständigung. Standort und Perspektiven des Religionsunterrichts in der Pluralität. Gütersloh 1994.

Der Spiegel: Fit für die Zukunft. In: DER SPIEGEL 35 (1994), 29.8.94, S.40–54.

Die Zeit (Hg.): Welche Schule brauchen wir? Unterwegs in deutschen Klassenzimmern. Hamburg 1996.

Döbert, R./Habermas, J./Nunner-Winkler, G. (Hg.): Entwicklung des Ich. Königstein [2]1980.

Eggers,G.: Lebensgestaltung—Ethik-Religion als schulischer Lernbereich. In: Der evangelische Erzieher 45 (1993), S.45–59.

Erikson, E.: Identität und Lebenszyklus. Frankfurt 1966.（小此木啓吾訳編『自我同一性——アイデンティティとライフサイクル』誠信書房、一九八二年（新装版））

Fauser, P.: Droht ein Schulnotstand? In: Neue Sammlung 34 (1994), S.253–275.

Fleischer-Bickmann, W.: Klug gewordene Aufklärung? Der Lernbereich Sinn- und Wertorientierung. In: I.Gropengießer/G.Otto/K.-J.Tillmann (Hg.): Schule. Zwischen Routine und Reform. Seelze 1994, S.62–64.

—— Kultur der Nachdenklichkeit. Neue Literatur zum Philosophieren mit Kindern. In: Pädagogik 47 (1995), S.54–58.

Flitner,A.: Mißratener Fortschritt. Pädagogische Anmerkungen zur Bildungspolitik. München 1977.

Gaarder,J.: Das Kartengeheimnis Deutscher Tashenbuch Verlag 1995.

—— Sofies Welt. Roman über die Geschichte der Philosophie. München 1993.（須田朗監修・池田香代子訳

『ソフィーの世界――哲学者からの不思議な手紙』ＮＨＫ出版、一九九五年）

Geulen, D.: Das vergesellschaftete Subjekt. Zur Grundlage der Sozialisationstheorie. Frankfurt 1977.

Giesecke, H.: Wozu ist die Schule da? In: Neue Sammlung 35 (1995), S.93–104.

――Wozu ist die Schule da? Die neue Rolle von Eltern und Lehrern. Stuttgart 1996.

Gropengießer, I./Otto, G./Tillmann, K.-J. (Hg.): Schule. Zwischen Routine und Reform. Seelze 1994.

Habermas, J.: Zur Rekonstruktion des Historischen Materialismus. Frankfurt 1976.（清水多吉監訳『史的唯物論の再構成』法政大学出版局、二〇〇〇年）

――Notizen zur Entwicklung der Interaktionskompetenz. In.: J. Habermas: Vorstudien und Ergänzungen zur Theorie des kommunikativen Handelns. Frankfurt 1984, S.187–225.

――Theorie des kommunikativen Handelns. 2 Bde. Frankfurt 1988.

――Individuierung durch Vergesellschaftung. In: U.Beck/E. Beck-Gernsheim (Hg.): Riskante Freiheiten. Frankfurt 1994, S.437–446.

Heitmeyer, W.: Rechtsextremistische Orientierungen bei Jugendlichen. Weinheim/München 1987.

――Die Bielefelder Rechtsextremismus-Studie. Weinheim/München 1992.

Hentig, H. von: Was ist eine humane Schule? München 1978.

――Werte und Erziehung. In: Neue Sammlung 28 (1988), S.323–342.

――Einleitung zu David Gribble, Auf der Seite der Kinder. Welche Reform braucht die Schule? Weinheim/Basel 1991, S.9–46.

――Die Schule neu denken. München 1993.

Hoffmann,D.: 'Identität' als Ideologie. Zur Kritik des Begriffs und seiner pädagogischen Bedeutungen. In: D. Hoffmann/G. Neuner (Hg.): Auf der Suche nach Identität. Pädagogische und politische Erörterungen eines gegewärtigen Problems. Weinheim 1997 (im Druck).

Hoffmann, E.: Irritation und Identität. Schule in den Paradoxien lebensweltlicher Modernisierung. In: Neue Sammlung 34 (1994), S.27-49.

Horster, D.: Philosophieren mit Kindern. Opladen 1992.

Keupp, H.: Riskante Chancen. Das Subjekt zwischen Psychokultur und Selbstorganisation. Heidelberg 1988.

Keupp, H.: Verunsicherungen. Risiken und Chancen des Subjekts in der Postmoderne. In: Th. Rauschenbach/H. Gängler (Hg.): Soziale Arbeit und Erziehung in der Risikogesellschaft. Neuwied/Kriftel/Berlin 1992, S.165-183.

——Produktive Lebensbewältigung in den Zeiten der allgemeinen Verunsicherung. In: SOS Dialog 1996, H.1, S.4-11.

Klafki, W.: Konturen eines neuen Allgemeinbildungskonzeptes. In: Ders.: Neue Studien zur Bildungstheorie und Didaktik. Beiträge zur kritisch-konstruktiven Didaktik. Weinheim 1985, S.12-30.

Klages, H.: Idealist, Realist und Hedomat in Konkurrenz. Realität des Wertewandels—Plädoyer für den faktenorientierten Blick. In: Das Parlament 44/1994, H.50, S.9.

Klein, A.: Zwischen Pflicht und Selbstentfaltung. Grundwerte und Wertewandel. In: Das Parlament 44/1994, H.50, S.1.

Krappmann, L.: Soziologische Dimensionen der Identität. Stuttgart 1969; [8]1993.

——Identität—ein Bildungskonzept? In: G.Grohs u.a. (Hg.): Kulturelle Identität im Wandel. Stuttgart 1980, S.99-118.

——Identität. In: Enzyklopädie Erziehungswissenschaft. Bd.1. Stuttgart 1983, S.434-437.

Luther, H.: Identität und Fragment. Praktisch-theologische Überlegungen zur Unabschließbarkeit von Bildungsprozessen. In: Theologia Practica 20 (1985), S.317-338.

Martens, E.: Sich im Denken orientieren. Philosophische Anfangsschritte mit Kindern. Hannover 1990.

Merten, R.: Haben Kinder und Jugendliche keine Werte mehr? Zur moralischen Sozialisation. In: Neue Sammlung 34 (1994), S.233-246.

Meyer-Drawe, K.: Illusion von Autonomie. Disseits von Ohnmacht und Allmacht des Ich. München 1990.

——Der Tod des Subjekts—Ende der Erziehung? In: Pädagogik (48) 1996, H.7/8, S.48-57.

Ministerium für Bildung, Jugend und Sport: Gemeinsam leben lernen: Modellversuch des Landes Brandenburg zu einem neuen Lernbereich und Unterrichtsfach "Lebensgestaltung—Ethik—Religion". Grundsatzpapier für die Öffentliche Diskussion. Potsdam 1991.

Mollenhauer, K.: Theorien zum Erziehungprozeß. München 1972.

——Vergessene Zusammenhänge. Über Kultur und Erziehung. Weinheim/München [2]1985.（今井康雄訳『忘れられた連関――〈教える―学ぶ〉とは何か』みすず書房、一九八七年）

——Wozu Pädagogik? Versuch eines thematischen Profils. In: A.Gruschka (Hg.): Wozu Pädagogik? Die Zukunft bürgerlicher Mündigkeit und öffentlicher Erziehung. Darmstadt 1996, S.15-35.

Negt, O.: Wir brauchen eine zweite, eine gesamtdeutsche Bildungsreform. In: Ders. (Hg.): Die zweite Gesellschaftsreform. 27 Plädoyers. Göttingen 1994, S.276–290.

Neubauer, W.: Identitätsentwicklung. In: M. Markefka/B. Nauck (Hg.): Handbuch der Kindheits-forschung. Neuwied/Kriftel/Berlin 1993, S.303–315.

Neumann, K.: Die bürgerliche Erziehung und ihre Werte. Wertewandel, Ideologiekritik und Werteerziehung in der bundesrepublikanischen Erziehung der sechziger, siebziger und achtziger Jahre. In: D. Hoffmann/K. Neumann (Hg.): Erziehung und Erziehungswissenschaft in der BRD und der DDR. Bd.2. Weinheim 1995, S.345–371.

Nipkow, K.E.: Perspektiven der Lehrplanreform für die Zukunft. In: Der evangelische Erzieher 45 (1993), S.532–545.

Preuss-Lausitz, U.: Auf dem Weg zu einem neuen Bildungsverständnis. In: O. Hansmann/W. Marotzki (Hg.): Diskurs Bildungstheorie I. Weinheim 1988, S.293–310.

Radtke, F.O.: Das Pluralismusdilemma und die Pädagogik. In: R.Uhle/D.Hoffmann (Hg.): Pluralitätsverarbeitung in der Pädagogik. Unübersichtlichkeit als Wissenschaftsprinzipä Weinheim 1994, S.101–127.

Rang, A./Rang, B.: Das Subjekt der Pädagogik. Vorüberlegungen zum Zusammenhang von Pädagogik und ideologischer Praxis. In: Das Argument 27 (1985), H.149, S.29–43.

Rehfus,W.D.: Didaktik der Philosophie. Düsseldorf 1980.

Rumpf,H.: Scheinklarheiten. Sondierungen von Schule und Unterrichtsforschung. Braunschweig 1971.

——Unterricht und Identität. Perspektiven für ein humanes Lernen. München 1976.

Schulze, G.: Die Erlebnisgesellschaft. Kultursoziologie der Gegenwart. Frankfurt/M. 1992.

Schweitzer, F.: Identität und Erziehung. Was kann der Identitätsbegriff für die Pädagogik leisten? Weinheim 1985.

Stross, A.M.: Ich-Identität. Zwischen Fiktion und Konstruktion. Berlin 1991.

Struck, P.: Schul- und Erziehungsnot. Ein Ratgeber für Eltern, Lehrer und Bildungspolitiker. Neuwied/Kriftel/Berlin 1993.

——Neue Lehrer braucht das Land. Ein Plädoyer für eine zeitgemäße Schule. Darmstadt 1994.

Thadden, E.von: Auf vielen Füßen leben. In: Kursbuch 121. Der Generationenbruch. Berlin 1995, S.27–43.

Uhle, R.: Bildung in Moderne-Theorien. Eine Einführung. Weinheim 1993.

Vester, M.u.a.: Soziale Milieus im gesellschaftlichen Strukturwandel. Zwischen Integration und Ausgrenzung. Köln 1993.

Vossenkuhl, W.: Eigenes "Ich". Ein Essay über die menschliche Identität. In: U.Beck u.a.: Eigenes Leben. Ausflüge in die unbekannte Gesellschaft, in der wir leben. München 1995, S.194–215.

Wehowsky, St.: Schattengesellschaft. Kriminelle Mentalitäten in Europa. München 1994.

Wellendorf, F.: Schulische Sozialisation und Identität. Weinheim 1973.

Welsch, W.: Subjektsein heute. Überlegungen zur Transformation des Subjekts. In: Deutsche Zeitschrift für Philosophie. Monatszeitschrift der internationalen philosophischen Forschung 39 (1991), S.347–365.

—— Und sie bewegt uns doch. Vernunft nach ihrer Kritik. In: W.D. Rehfus (Hg.): Der Taumel der Moderne. Langenfeld 1992.

Wickert, U.: Der Ehrliche ist der Dumme. Über den Verlust der Werte. Hamburg 1994.

——Das Buch der Tugenden. Hamburg 1995.

Ziehe, Th.: „Ich bin heute wohl wieder unmotiviert“…… zum heutigen Selbstbild von Schülern und Lehrern. In: F.Bohnsack (Hg.): Sinnlosigkeit und Sinnperspektive. Die Bedeutung gewandelter Lebens- und Sinnstrukturen für die Schulkrise. Frankfurt/M. 1984, S.116–133.

(付記)本論文は以下の文献にも収められている。

D. Hoffmann/G. Neuner (Hg.): Auf der Suche nach Identität. Pädagogische und politische Erörterungen zu einem gegewärtigen Problem. Weinheim (Deutscher Studienverlag) 1997.

第6章 「学校は待つことをおぼえない」

――学校、時間、人間形成――

1 未来のための時間の節約?

――時間社会が作り出される際の教育学の役割について――

人間形成過程における主体の確立は、遅くともシュライエルマッハー以来、明確に「時間の問題」(Winkler 1986, S.98)として構想されてきた。「教育作用とはみな、ある時期を将来のために犠牲にするものであるが、私たちにそうした犠牲を強いる資格があるかどうかは疑わしい」(Schleiermacher 1983, S.46)。未来というものが教育の目標設定を認定する基準となることによって、時間との関わりは教育的行為にとっての、とりわけその制度化された形態にとっての主要な挑戦の一つとなる(Sahmel 1988; Lüders 1995)。もっとも、シュライエルマッハーは「子どもの人間形成過程におけるあらゆる出来事を、常に『相互作用』の機能として考えており、『機械的な』方法の直線的な結果であるとか、概念のヒエラルヒーがしだいに内部で展開していった論理的帰結であるとは考えていない。……彼は教育と人間形成の過程を時間的構造化に従属させることを避けた。というのも、時間的構造化によって学習の量と時間の量が互いに厳密に関係づけられてしまい、ついには――いつのまにか支配的になっている教育計画の類に見られるように――教育事象が機械的なリズムになってしまうからである」(Mollenhauer 1981, S.70)。

これまでに、時間概念の社会的発生について書かれた数多くの文献(Elias 1984; Negt 1985; Zoll 1988; Geissler 1989)や、さまざまな社会領域における時間の使い方についての研究(Müller-Wichmann 1984; von Schweitzer a.u. 1990; Graber/Neumann 1991; Geissler 1998; Mutz 1999)が発表されてきた。それらによって、変化の激しい近代社会において絶えず社会的諸過程を調和させ統合する際に、「時間」がどのような機能を有しているのかが、明らかにされただけではない。それのみならず、「時間」というものが教育過程の教授学的な鍵的問題、つまりバランスのとれた「世界の豊かさと人生の短さの間の仲介」(de Haan 1996)をどのようにして実現するのかという問題を解決する際に、決定的に重要になったということもまた、示されたのである。ここ数十年はメディア化とグローバル化という社会変化を速める要因によってさらに増幅されているのだが、近代社会では明らかに、「ますます多くの人間が時間的に規定された行為合理性によって巨大マシーンの網状のネットワークに」取り込まれている(Rinderspacher 1985, S.4)。時間の社会的発生についての分析が歴史的な比較において明らかにするのは、近代社会における社会的行為全体が、リンダーシュパッヒャーによって「時間の無限小の使用論理」(Rinderspacher 1985, S.57ff.) として特徴づけられる行為命令へと行きつくという点である。できるかぎり絶え間なく生産と価値創造を向上させ期限に先んじて達成するために、時間、とりわけ品物を作り出すのに費やされる時間を最小限におさえることは、すべての生活領域を貫く合理化の原理にまで発展した。「時間の合理的使用」「時は金なり」は、今日の社会の進歩にとって鍵概念となっている(Neumann 1992)。

近代の時間観の基盤には直線的な時間があり、それは経済、政治、科学技術、軍事制度の諸領域において合理的な計画をたてるのに絶対に不可欠である。しかし、資本主義経済が発展し続けるにつれて、新しい時間の基準が定着した。それは抽象的時間である。「先の時代では時間の基準の形成が、その都度の社会の科学技術的・社会的発展の状態に応じて、人々の行為と科学技術の進行とを調和させる機能をもっていたとすれば、今や質的な飛躍が生じている。つまり、時間は経済的資源となるのである」(Rinderspacher 1988, S.27)。時間経済的な合理性の採用は、商業にかかわりのない領域においても、ますますその価値が認められている。機械と工場の運動速度は、「ノンストップ」社会においては、ますます日常生活の行為速度にも影響を与えている。人間の行為リズムを機械のテンポにしたがって「洗練させること」は、もはや逆戻りできないように思われる。現代の情報テクノロジーによって与えられるような抽象的時間の構造形態が、大人や子どもの社会的行為様式に対してどのような影響をもっているのかは、さしあたりまず想像してみるしかない(Rifkin 1988参照)。新しいメディアは現実の地平を越えることを可能にする。生活は、「始まりと終わりが流動的でついには混沌となるような」方向へと速度を増している。「到着と出発が一つになり、トランジットや交換可能などこかで、両者はある時点で重なる。したがって、あくまでも私たちは、自分たちの未来への逃走手段を『トランスラピート』と名づける。到着し出発する代わりに、私たちは区別のない時間に区別のない場所であちこちと動き回るのである」(Geissler 1997, S.108)。

時間を内容中立的な秩序組織として見る近代的な意識を生み出し貫徹することに、教育学はまさに決定的に関与してきたし、今もまた関与している。新しい時間意識の形成をともなった新しい社会のエリートの形成にとって教育制度が果たす重要な意義は、中世の時代から描き出すことが可能である。修道院学校や、後に教会に準じて運営される都市学校では、時計にしたがって一日の進行を組織する傾向がさらに強まった。「学校制度の世俗化は近代への一歩であり、それによって、またそのなかで一般的な就学義務が導入される。直線的時間の社会的有効性が普遍的なものとして広まることに対する就学義務の貢献は、いくら評価してもしすぎることはない。一貫して直線的時間に準拠すること、また時間の規範によって行為を構造化することは、単に労働の資本主義的形態だけではなく、市民社会全体の人々の交流形態を特徴づけることになる。そのための前提は、本質的な媒介機関としての学校による、また学校における時間の規範の一般化と内面化である」(Zoll 1988a, S.84)。固定的な始めと終わりの時間が導入され、決められた時間間隔で授業のプロセスが組織され、学校をさぼることに対してきびしい罰則が設けられ、均質の学年段階ごとのクラス授業が組み立てられることによって、時間規律を身につけ直線的で有益な時間使用の規範を毎日そして生涯にわたって習得せざるをえないような、制度的枠組みが作り出される。クラス授業が歴史的に発展する過程で、教育制度はますます時間構造的な等級分けを自らの法則とするようになる。そしてついには授業という営みにおいて、一つの学習集団の構成員すべてが同じ時間に同じ空間で同じように扱われることになるのである。

2　学校の学習時間のパラドックス——時間不足と生活時間の機械化——

学校における社会化を通して拘束的な「時間の碁盤目状の配分」（フーコー）が生じるプロセスについて、社会史的学校研究が膨大な量の資（史）料を積み上げてきている。例えばフーコーは、一八世紀のフランスの学校に関して、時間規律にしたがって厳密な授業編制がなされていたことを記述している。「初等教育の学校では、時間の分割がますます精密になり、そこでの活動は、即座に応じなければならない各種の命令にごく近距離から包囲されている。たとえば、時報が鳴りおわるや、一名の生徒は鐘を鳴らすべし、その最初の音で全生徒は腕組みをして眼を伏せ膝まずくべし。祈りが終わると、教師は生徒たちを立ち上がらせるための合図に床をひとたたきし、キリスト十字架像に会釈させるしるしとして再び床をたたき、彼らを着席させるため三度目の合図としてまた床をたたくべし」（Foucault

1976, S.193, 邦訳一五四頁)。一九世紀には、授業を「洗練させること」や、規律化の道具である時計に生徒の身体を適合させることが、いっそうきびしく求められるようになった。フーコーは同時代の時間割の例をあげている。「八時四五分、助教の入構。八時五二分、助教による集合図。八時五六分、児童の入構および祈り。九時、着席。九時四分、石盤での第一回の書取。九時八分、書取の終了。九時一二分、第二回の書取(以下略)」(Foucault 1976, S.193 による引用、邦訳一五五頁)。一八世紀と一九世紀には、いかにして学習プロセスが徐々に時間の訓練になっていくのかを証明する、数多くの資料を引き合いに出すことが可能である。モレンハウアーは「時間と活動の一致がもつ文化的含意」(Mollenhauer 1986, S.86)を、学校秩序を例にとりながら次のようなものとして、すなわちエリアス(Elias 1980)が文明化の過程に関する研究において分析したような、近代人の「情動を制御されたハビトゥス」が生み出されるテクノロジー的な実例として、再構成している。「時間割の貫徹によって、成長する者たちにとって学校の授業とは、彼らが自己の身体と自己の活動とを絶え間なく時計の時刻に関係づけることを制度的に日々学習する場となるのである」(Rumpf 1981, S.154)。

人の人生行路を「時間の経歴」(Mollenhauer 1981)として計画し、またその際に学校を不断の時間経営の場として計画するという考え方は、スピード社会——ガイスラーは「ラスト・ミニッツ社会」(Geissler 1997, S.108)とさえ言っている——ではカリキュラムの観点からの「時間の問題」として、独自の先鋭化を経験することになった。というのも、すでにコメニウスによって提示された教授学の根本問題、つまり世界を適切に代表するかたちでいわば凝縮して伝達するという根本問題が、より多くの時間を自由に使えるという今日の状況では、過度の要求につながるにちがいないからである。知識と技術的イノベーションの蓄積における進歩、コミュニケーション構造と行為構造の複雑化に直面して、時間はますます不足してきている。その結果、教育学においては、「同じ時間内でより多くを経験し、体験し、習得し、消化することのできる」「常に新しいモデル」が探し求められる。学校はますます徹底的に次のようなパラドックス、すなわちたとえ「行為時間をゼロにまで徹底して短縮」したとしても「世界の豊かさを知る」には不十分であるというパラドックスに向かい合わねばならない。自己の全人生を知識・能力・技能の蓄積に費やす者でさえ、世界の全体を把握するためには、自由になる時間よりも多くの時間が必要であることを悟るはずである。こうした極端な場合でさえ、限りない知識をできるだけ多く処理するためには、スピードをあげることが必要となる(de Haan 1996, S.270)。

すでにコメニウスは、「はてしない教材の重荷」(de Haan 1996, S.270)によって引き起こされる時間問題を、時間強化のストラテジーによって、つまりいわば学習時間の機械化によって解決しようと試みた。ヴォルフガング・ラトケ(一五七一〜一六三五年)に依拠して執筆された彼の最初の教育学的・教授学的著作『容易文法規則』(Comenius, J.H. 1614)以来、コメニウスは、授業のプロセスは速やかに、確実に、愉快に(cito, tuto, et jucunde)進まねばならないという当時よく知られていた要求を念頭においていた。「教師は設定された目標をすばやく達成せねばならず、教えられた事柄は生徒によってより確実に所有されねばならず、また、生徒がよろこんで新しい学習課題に取り組むことができるために、学習の苦労はできる限り和らげられねばならない」(Schaller 1985a, S.227)。「あらゆる人にあらゆる事柄を教授する普遍的な技法」を示す『大教授学』(1628-1632)においても、「はやく、愉快に、着実に」というモットーが取り入れられている(Comenius 1960a, S.9)。そしてこう断言される。「教授の技法もまた、学習の時間と学習対象と教授方法との精巧な配置以外のものは、何一つ必要としないのです。この配置さえ精確にうち立てることができれば、学校にたとえどんなに数多くの青少年がいてもこれにあらゆる事柄を教えることは、印刷器具を使って毎日数千枚の紙に実に見事な文字を盛り込むことよりも……決してむずかしいことではないでありましょう。つまり、これができれば、万事は苦もなく動いていきます。それは、おもりの具合の正しい時計が苦もなく動いて行くのと同じです。また気持ちよく楽しく動いても行きます。それは、この種の自動機械を見るのが気持ちよく楽しいのと同じです。最後に、この種の精巧な器具が持っているのと同じ的確さで動いても行くのです」(Comenius, 1960a, 13. Kapitel S.77(邦訳[1]一三五‐一三六頁))。

教育学的な時間の構造は、『大教授学』の第一九章「教授のさいにわずかな労力で敏速をえる諸基礎」において、具体的に例示されている(1960a, S.119ff.(邦訳[1]二一〇頁以下))。ここでは始めから終わりまで、どうすれば時間強化のストラテジーと時間の合理化が可能になるのかが、体系的に考察されている。『汎教育』(一六四七年、Comenius 1962)や『母親学校の指針』(一六三三年、Comenius 1960b)における

「幼年期の学校」でさえも、合理的な時間枠組みの法則性に従うように計画されるのである。

コメニウス的な学校構想はまさに「教授学の機械」(Fischer 1983) として解釈されうる。しかし、その際忘れてはならないのは、コメニウス自身が自らの教授学を技術的なものとして捉えることに対して異を唱えていたということであり(Schaller 1985a, S.231ff. 参照)、また、彼が教授・学習プロセスを時間経済的な合理性基準に従わせる際には、形而上学的に基礎づけられた世界秩序の構想に基づいていたということである。その世界秩序の構想によれば、時間との経済的な関わりが自律性を保障されるのは、人がその短い人生と彼にゆだねられた短い時間のなかで世界と自己自身の改善のために貢献するためのポジションを見いだすことができる場合に限られるのである。

コメニウスが「時間の経歴」としての人間の人生行路について、確固たる考えを持っていたことはまちがいない。しかし、彼の考えのなかでは、自分の時間に関する自己決定、自発性、そして「省察時間」のための余地が、断固として残されていた。「省察時間」は、近代的な理解では人間形成過程の基本的構成要素として見なされる。『大教授学』の原則の一つにも次のようなものがある。「生徒のために学習のやさしさと楽しさとを必ず増してやれるのは、I 学校での講義時間をできるだけ少なく、いいかえれば四時間にし、自修をやはり四時間にしてやる教師です。II できるだけ記憶力を酷使しない教師です。いいかえれば、基礎的な事項以外は暗記させずあとは自由に湧き出るにまかせる教師です。III どんなことも、理解能力に相応させて教える教師です。理解能力は、年令と学習とが進むにつれて、おのずから増して行くものです」(Comenius, 1960a, 17. Kap., S.104、邦訳［1］一八二―一八三頁)。
全世界の人間に割り当てられた課題をよりよく実現するための有効な手段を、教育学は提供できるというのが、近代教育の中核となる根本観念であった。コメニウスはすでにこうした根本観念を時間問題として、つまりは彼の形而上神学的に基礎づけられた教育学的理論構想の座標体系のなかで、理解していた。「汎知」についての彼の神学体系の射程範囲に基づいて、確かにコメニウスは近代の人間形成過程がもつ時間の問題を視野に入れていたのである。しかし、彼はそれに関してはただ当時の歴史的状況に適合した解決法を提案することができただけであった。たとえ彼の示した解決法が、そのモデル的性格ゆえに今日においてまさしく再構成されるに値するとしても。確かに私たちはコメニウスに、時間支配の体験を通しての時間統治能力の獲得という観点をきわめて明瞭に見てとることができる。しかし、時間の支配が同時に、支配した時間がもつリズムによる被支配をも意味しうるものであり、時間経済的に合理化を徹底した生活状況、とりわけ教育施設のなかで学習する人間がそうしたリズムに従属することになるという弁証法の自覚を見ることはできない。

現代の人間学のパラダイムは、「精神の世界的な機械化」という考えによってますます支配されるようになっている。すなわち、もはや「理性的動物」(animal rationale)としての理想的人間像ではなく、「機械仕掛けの神」(deus qua machina)という理想的人間像によって、支配されているのである。こうした文脈では、時間の未来に関する救済史的な確信が喪失される。その後は、社会の進行が加速度を増していくなかでの「超人間的なオートメーションへの移行」(Kamper 1997, S.88ff.)において、「数えられる時間」と「物語られる時間」とが主体の喪失をともなって衝突するであろうと思われる。ガイスラーが世界的な自動化と高速化の過程に関するフィリリオの批判的分析に立ち戻りながら立証しているように、一般に繰り返し議論される環境汚染が大きな生態学的《エコロジー》問題というわけではない。そうではなく本当に問題なのは、「目がついていかないほどの交通手段とメディアのスピードによる」汚染である。「いつの日にか、世界の時空間はなくなってしまうであろう。なぜなら、私たちは速さによって世界の広がりと長さを失ってしまうからである。その時私たちは、ある地点から別の地点に行くのに時間を短縮するだけでは満足しなくなっていることに気づくであろう。また、世界の時空間が新しいテクノロジーにとってあまりに狭いものになっているという理由で、私たちが他ならぬ世界の時空間を喪失してしまったことに気づくであろう。この点に暴力的で象徴的な喪失が横たわっているのである」(Geissler 1997, S.107)。それゆえに、現代教育学がかかえる「時間の問題」というのは、時間の未来を自律的に構築するという意味での単なる時間の経済学《エコノミー》ではなく、むしろ人間的な未来のための時間を構築するという意味での時間の生態学《エコロジー》である。

3　速さと緩やかさの矛盾──時間の自律性の獲得としての学校での学習──

時間を経済的に最善のかたちで使用できるように、教育の諸条件を継続的・内容的・構造的に整えようとすれば、必然的に、子ども一人ひとりの人間形成過程の非連続性に対応するための時間はもはや取れなくなる。時間が取れない、あるいは取ってはならないという事態は、徐々に教育者のあり方の一部となっており、それどころか、現代社会や家庭の日常、制度的な養育支援における大人と子どもの関わりの特徴を一般的に示しているといえる。

Ch・ロシュフォールはその著『子どもたち』において、「私には時間がない」という大人の発言、つまり時間の消滅を、「現代のもっとも大きな未解決の犯罪事件」(Rochefort 1977, S.83) と呼んでいる。子どもがいれば時間がなくなるので、現代の産業社会では大人はできれば最初から子どもを一人ももたない。仮に子どもがいたとしても、子どものための時間をまったくもたない、少なくともごくわずかの時間しかもたない。大人は時間の合理的使用者として時間に貪欲かつ意識的になったことで、状況に制約される子ども相手の時間の浪費を生産的に克服するだけの平静さを、なくしてしまったのであろうか。

D・エルカインドは『急がされる子どもたち』(Elkind 1988) という書物のなかで、次のような非常に包括的な結論を引き出している。すなわち、社会変化のテンポの速さと、彼の見るところではそれによって不可避的に与えられる継続的なストレスとに直面して、子どもたちは否応なく、あまりにも早期にあまりにも性急に成長しなければならない状況に置かれる。現代社会の時間のダイナミズムによって、大人たちもまたいわば、最善の社会化の条件についての知識が増大していながらそれを教育の実践へと転換できないという、パラドックス的状況に追いやられる。エルカインドの考えによれば、私たちは時間の合理的使用という独裁的慣習とそれに結びついたストレスによって、自分の要求を子どもの要求につきつけざるを得ない。それによって私たちは子どもをせき立てているのである。

例えばJ・ピアジェによる『子どもにおける時間概念の形成』(Piaget 1974)の再構成が顧慮されるのだが、子どもらしい時間体験というものには、なによりも十分な時間が必要不可欠である。いずれにしても、自己自身と周囲の世界とを身体的・感覚的に経験するためには、今日ふつうに費やされるよりもしばしば多くの時間が必要である(Schaub 1994)。時間の合理的使用は、大人世界における抽象的な時間使用の原則に従うのであるが、そうした時間の合理的使用がもつリズムに子どもを早くから適合させるならば、子どもは致命的な苦境に陥れられることになる。「というのも子どもは、自己の内的世界がもつ計測不可能なテンポがしばしば邪魔であるということや、外的な時間基準の分配をまえにして自己の内的世界のためには心得として『余暇』しか利用できないということを、あまりに早く経験してしまうからである。しかし、ここでの余暇というのも(再びまた――著者)大人にとっての『余暇』であって、子どもが世界に対する自己の関係を静けさのなかで身体的・感覚的に経験していくために用いるような、自由な時間ではないのである」(Wagner-Winterhager 1988, S.652)。

コメニウスは「人間に関する事柄の改善」(emendatio rerum humanarum)、すなわち神による救済計画の枠内で人間社会の改良の条件を体系的に問うなかで、人間による時間の自律的使用に中心的な位置を与えた最初のひとりとなった。時間を支配することが、近代に典型的な時間の経済化のプロセスのなかで逆に、管理した時間によって支配されるという結果にならざるをえないという点は、近代社会の体系的分析によってはじめて露わになる。コメニウスは時間の統治権を獲得するための鍵的役割を教育制度に求めたが、そうした教育制度の発展はまさに、近代の時間論理に従って種々の具体化が自動的に進行するための「学校」モデルとなった。そのことは現代にまで当てはまり、現代ではなるほど教育システムの官僚主義化の進行についての嘆きがいっそう大きくなっているが、同時に、「生産システムによる人間形成の植民地化」(Baethge 1984, S.48) の強制に実際どのようにして対処しうるのかは、ほとんど明らかになっていない。コメニウスによって提起された、とりわけ時間の支配を通しての「人間に関する事柄の改善」という問いは、今日、比較可能で根本的だがまた別の形で、新しい水準において設定されるのである。

F・クラットはすでに一九二九年に「近代の時間管理」に疑問を投げかけ、「教育制度全体が時間の悪徳商法に対して大規模な抵抗活動を行わねばならないであろう」(Klatt 1929, S.12) と要求した。彼はその著『創造的休憩』(Klatt 1923) のなかで、はっきりと伝統的な人間形成論を引き合いにだしている。伝統的な人間形成論にとって、教授者と学習者の主体性とは、教育的支援の本来的挑戦を意味するものである。したがって、教育的支援は個々人の経験の時間リズムに基づいて調整されねばならず、人間形成過程ではそうした個々のリズムに応じて、集中・活動・注意の段階が、弛緩・休息・気ままの段階と交替する。強く個別化された授業での教授と学習は、外的自然の現象形態ならびに学習プロセスへの関与者の内的自然が前もって与えるリズムに従うのである。支配的なタイプの学校での授業、すなわち時間経済的に一定の時間内で個々の教科の「課題」に応じて細かく組み立てられた授業を、繰返しもっともきびしく批判したのは、おそらくM・ヴァーゲンシャインである。「子どもたちを邪魔せず、つまりは彼ら固有の思考運動にまかせ、そのなかで彼らを援助するならば、彼らは『科学志向的』であることが明らかとなる。そして、私たちが性急な知識攻めによって彼らのやる気を喪失させないならば、それはそのまま維持されるのである（学校はもはや待つことをおぼえないように思われるのだが）」(Wagenschein 1974, S.154)。

生産・労働世界と同じく学校においても、とぼしい「高価な」時間をいかに管理するかということが、システムに不可欠な組織原理となってきている。生徒は「経済生活」においてと同様、同じ時間内にできる限り効果的にできる限り多くのことを行うように、「プログラム」される。他方で、学校では、時間との省察的な関わりを習得するために、人間形成過程における子ども一人ひとりの経験と学習の時間リズムが、制度的・管理的な学習がもつ強制的な時間リズムに一致させられる。そうであるとすれば、現代社会においては、学校ほど時間社会のパラドックスが組織的に明示されるような制度的場所は存在しないと言える(Mollenhauer 1986, S.68ff.)。高度産業社会における合理化の徹底した、付加価値を求める生産の時間リズム——O・ネークト(Negt 1985)はそこに現代の時間問題がもつ制度的な共通点を見いだそうとした——と、疎外されていない生き生きした労働という意味での文化的・有機的な生産の時間リズムとは、調和させることができない。死せる労働、つまり機械装置としての労働が生き生きした労働を支配するとすれば、それは社会的不合理につながるという意識が、高度産業社会においていっそうはっきりと表れている。

学校は、時間社会において時間の合理的使用を専門的に行う制度である。そうした学校には、「時間」との有意義な関わりを準備するという課題があるが、同時にそれは大きなチャンスでもある。学校はもちろん、時間社会があらかじめ持っている時間感覚や時間リズムを受け入れることのできる能力を、子どもたちに身につけさせねばならない。しかし学校は、歴史のなかで培ってきた潜在的な自己批判力に基づいて、社会的に決定された教授・学習過程の「時間の問題」との関わりにおいて、次のことを運命づけられている。すなわち、今日の時間社会で支配的な考え方とは対立するような世界の構想を尊重し、「学校のスピードがもつパラドックス」(Popp 1999, S.10)を解消するのを援助すること、すなわち、いかに人間が「自ら形成することが可能で、また形成せねばならない、異なった時間帯のなかで活動する」(Mutz 1999, S.7)ものであるかを提示することを、運命づけられているのである。

「時間の困窮」によって性格づけられる近代社会では逆に、「時間の開拓者」がより頻繁に見いだされることは明らかである。「時間の開拓者」とは、職業生活において、また会社の外での日常生活や子どもの世話において、時間との関わりについての自分自身の考え方を発展させる者のことである。同様に学校に関しても、子ども一人ひとりの学習形態と学習テンポの自己活動性、自己組織、構成によって特徴づけられる混合的な学習システムが、これまで長い間構想されてきた。「時間の開拓者」は「自己の生活スタイルとの関わりにおいて……規則、指示、お定まりの習慣、すなわち一定の順番をもつ一定の時間での一定の行為」の根拠が何であるかを問い直す。彼らにとって、「時間の豊かさ」は物質的な豊かさや社会的な出世よりも大切である (Hörning u.a. 1990, S.156)。同じように、学校は子どもたちが時間を自律的に使用できるように導き、またその能力を身に付けさせねばならない。

学校において時間は、乏しくて増やすことのできない資源であるがゆえに、学校は「待つ」ということができない。しかし、時間の生態学《エコロジー》がさし迫って求められているという意味で、学校は「経済的に危険をはらんでいる『速さのプロジェクト』に対抗して、専門的で責任の負える『緩やかさのプロジェクト』を持ち出す」ことが可能である。「発展的な学習能力が身につくためには、その時々で自由になる学習時間を自己責任において使用できることが」必要である。その意味において、「緩やかさのプロジェクト」は、それぞれの子どもの個別的な人間形成の時間の価値をはっきりと認める。そうすることで学校は、時間社会において子どもたちに、彼らが自分なりのやり方で時間の合理的使用を習得することが可能になるような「生活形式を代表的に提示する」(Mollenhauer 1985, S.74) ことができるであろう。

文献

Adorno, Th. W./Horkheimer, M.: Dialektik der Aufklärung. Amsterdam 1947.

Baethge, M.: Materielle Produktion, gesellschaftliche Arbeitsteilung und die Institutionalisierung von Bildung. In: Enzyklopädie Erziehungswissenschaft, Bd.5, Stuttgart 1984, S.21-51.

Claussen, C.: Lernziel Langsamkeit? In: Grundschule, H.10, 1999, S.8-9.

Comenius, J.H.: Grammaticae facilioris praecepta. 1614.

——Große Didaktik. Übers. u. hrsg. v. A.Flitner. Düsseldorf/München 1960a. (鈴木秀勇訳『大教授学［1］［2］』明治図書、一九六二年)

——Informatorium der Mutterschule. Hg. v. J.Heubach. Heidelberg 1962.

——Pampaedia. Hg. v. D. Tschizewski/H. Geißler/K. Schaller. Heidelberg 1960b.

de Haan, G.: Die Zeit in der Pädagogik. Vermittlungen zwischen der Fülle der Welt und der Kürze des Lebens. Weinheim/Basel 1996.

Elias, N.: Über den Prozeß der Zivilisation. 2Bde. Frankfurt 1980.

——Über die Zeit. Frankfurt 1984.

Elkind, D.: Das gehetzte Kind. Werden unsere Kleinen zu schnell groß? Hamburg 1991. (Amerikanische Originalausgabe: The Hurried Child, Reading 1988)

Fischer, M.: Die Unterrichtsmethode des Comenius. Theoriegeleitete Analyse und Hypothesenbildung für

empirische Unterrichtsforschung. Köln 1983.
Foucault, M.: Überwachen und Strafen. Frankfurt 1976.（田村俶訳『監獄の誕生——監視と処罰』新潮社、一九七七年）
Geissler, K.A.: Zeit leben. Weinheim 1989.
——Zeit. Weinheim 1997.
——Die Nonstop-Gesellschaft und ihr Preis. Stuttgart 1998.
Graber, M./Neumann, K.: Familiales Freizeitverhalten: Forschung zwischen Zeitbudget- und Lebensstilkonzepten. In: Freizeitpädagogik, 13, 1991, S.206–216.
Hörning, K.H. u.a.: Zeitpioniere. Flexible Arbeitszeiten—neuer Lebensstil. Frankfurt/M. 1990.
Kamper, D.: Mensch. In: Ch. Wulf (Hg.): Vom Menschen. Handbuch Historische Anthropologie. Weinheim/Basel 1997, S.85–91.
Klatt, F.: Die schöpferische Pause. Jena 1923.
——Beruf und Bildung. Potsdam 1929.
Lüders, M.: Zeit, Subjektivität und Bildung. Die Bedeutung des Zeitbegriffs für die Pädagogik. Weinheim 1995.
Mollenhauer, K.: Die Zeit in Bildungs- und Erziehungsprozessen. Annäherungen an eine bildungstheoretische Fragestellung. In: Die Deutsche Schule, 73, 1981, S.68–78.
——Vergessene Zusammenhänge. Über Kultur und Erziehung. Weinheim/München 1985.
——Umwege. Über Bildung, Kunst und Interaktion. Weinheim/München 1986.

Müller-Wichmann, Ch.: Zeitnot—Untersuchengen zum "Freizeitproblem" und seiner pädagogischen Zugänglichkeit. Weinheim/Basel 1984.

Mutz, G. Strukturen einer Neuen Arbeitsgesellschaft. Der Zwang zur Gestaltung der Zeit. In: Aus Politik und Zeitgeschichte, 9, 1999, S.3–11.

Negt, O.: Lebendige Arbeit, enteignete Zeit. Frankfurt/New York 1985.

Neumann, K.: Zeitautonomie und Zeitökonomie. J.A. Comenius und die Dialektik pädagogischer Zeitstrukturen. In: Die Deutsche Schule, 84, 1992, S.212–223.

Nowotny, H.: Eigenzeit. Entstehung und Strukturierung eines Zeitgefühls. Frankfurt 1989.

Piaget, J.: Die Bildung des Zeitbegriffs beim Kinde. Zürich 1974.

Popp, W.: Nicht an den Halmen ziehen. In: Grundschule, H.10, 1999, S.10–12.

Rifkin, J.: Uhrwerk Universum. München 1988.

Rinderspacher, J.P.: Gesellschaft ohne Zeit. Individuelle Zeitverwendung und soziale Organisation der Arbeit. Frankfurt 1985.

——Wege der Verzeitlichung. In: Henckel, D. (Hg.): Arbeitszeit, Betriebszeit, Freizeit. Stuttgart/Berlin/Köln/Mainz 1988, S.23–60.

Rochefort, Ch.: Kinder. München 1977.

Rumpf, H.: Die übergangene Sinnlichkeit. München 1981.

Sahmel, K.-H.: Momo oder: Pädagogisch relevante Aspekte des Problems Zeit. In: Pädagogische Rundschau, 42, 1988, S.403–419.

Schaller, K. (Hg.): Comenius. Erkennen—Glauben—Handeln. Schriften zur Comeniusforschung, Bd.16. Sankt Augustin 1985.

——(Hg.): J.A. Comenius und die moderne Pädagogik. In: Schaller, K. (Hg.): Comenius. Sankt Augustin 1985. S.225-234 (1985a).

Schaub, H.: Umgang mit der Zeit. Das Leben der Menschen im Wandeln. NLI-Bericht, 49. Hildesheim 1994.

Schleiermacher, F.: Pädagogische Schriften. Bd.1: Vorlesungen aus dem Jahre 1826. Frankfurt/Berlin/Wien 1983.

Schweitzer, R. von /Ehling, M./Schäfer, D. u.a.: Zeitbudgeterhebungen. Ziele, Methoden und neuere Konzepte. Stuttgart 1990.

Virilio, P.: Kriege und Kino. München 1986.

Wagenschein, M.: Ursprüngliches Verstehen und exaktes Denken. Stuttgart 1972.

——Der Vorrang des Verstehens. In: Neue Sammlung, H.2, 1974, S.144-160.

Wagner-Winterhager, L.: Erziehung durch Alleinerziehende. In: Zeitschrift für Pädagogik, 34(1988), S.641-656.

Winkler, M.: Zeit und Pädagogik.: In: Sozialwissenschaftliche Literatur Rundschau, 9, 1986, S.92-102.

Zoll, R. (Hg.): Zerstörung und Wiederaneignung von Zeit. Frankfurt 1988.

——Zeiterfahrung und Gesellschaftsform. In: Zoll, R. (Hg.): Zerstörung und Wiederaneignung von Zeit. Frankfurt 1988, S.72-88 (1988a) .

第7章　精神科学的教育学、ナチズム、戦争への教育

E・ヴェーニガー――精神科学的教育学と軍隊教育学との関連について――

1　教育学とナチズム
――ドイツのナチズムを整理するためのいくつかのキーワード――

一九八〇年代以降のドイツ連邦共和国では、もはや見渡すことができないほど溢れんばかりの文献が、ナチズム期の批判的省察のために費やされてきた(Bracher/Funke/Jacobsen 1983)。当時を証言する者たちは、第二次大戦下においてドイツ人として「義務を遂行すること」が逃れられない心的葛藤を生じさせたことを表明してきた。彼らは、ドイツ人であることの「罪」と「負債」について叙述してきたし、現在もなお叙述しており、また分析している(Steinhoff/Pechel/Showalter 1989; Arnim 1989)。最近、第二次大戦下の国防軍の役割についての包括的な展示会がドイツにおける多くの都市で催されたが、それによって、ドイツ連邦共和国の社会全体を巻き込むかたちで政治的な騒動が生じた。また、すでにそれ以前に、著名な政治家、学者、芸術家、ジャーナリストの「ケース」を通して、第三帝国の忘れられた

過去の問題が広範な公の論争の対象となっていた(Müller 1986; Köhler 1988)。「第三帝国における科学」(Lundgreen 1985)の役割についていえば、私たちは、いちだんと増加した資料とそれに対してさまざまな判定を下す調査とを手にしている。ただし、はたして第三帝国におけるあからさまなファシズムの現象形態が手持ちのファシズム理論によってすでに適切にとらえられているのかどうかという問題については、依然として回答が与えられないままである(Otten 1989)。

これと関連して、「ナチスのファシズムによって市民の教育学の時代は終焉を迎えた」とするハンス－ヨアヒム・ガムの主張に対しても、議論の余地が生じている。彼は、顕在的および潜在的なファシズムの形態に鑑みてもなお「人道的な認識システムとしての教育学」という言い回しが有効であるべきだとするならば、ポスト・ファシズム状況はそれがもたらす帰結を通して把握されねばならない、と主張してもいるが、こちらの方の正当性は、反対に、ますます支持されるようになった。「教育学とナチズム」というテーマは、一九四五年以降の比較的長期にわたる社会全体の抑制的段階の後、少なくとも一九八〇年代以降、ドイツ連邦共和国の教育科学において幅広く関心を引きつけてきた。その際、教育科学というディシプリンの第三帝国期に果たした役割が、当時の主導的人物たちの忘れられた過ちという観点から処理されることは、もはやない。むしろ、教育科学ディシプリンの指導的人物たちの全作品、また各人物たちの伝記およびイデオロギー的立場が、批判的継承の光のもとにさらされるのである。(Kunert 1973; Dudek 1995)。同時に、ヴィルヘルム二世時代とワイマール共和国時代の保守的な教育学が一九四五年以降も継続されていることが、さまざまな方法で描出されている。たとえば、ベルント・ヴェーバーは、『「帝国からファシズムにいたる教育学と政治学――一九一四年から一九三三年までの時期における教育学担当大学教員の政治的選択に関する分析』(Weber 1979)において、ある仮説をみごとにうらづけた。その仮説とは、「『一九一四年の理念』は科学的に脚色されたワイマール共和国に対する反民主主義的情動へと連続」しており、最終的には、とりわけ教育学関係の「官人《マンダリーネ》」も含めた教養市民的知識人たちが一九三三年に始まるナチ支配に対していたるところで誤った判断を下したことへと連続している、というものである。ドイツのほとんどの学者と同様、教育学者たちも、伝統主義者の立地点に固執し、そのために、程度の差こそあれ、みな不可避的にナチ的世界観への「イデオロギー的親和性」(Ringer 1987)に陥っていたのである。

ハインリッヒ・クップファーの著作『ファシズムとドイツ教育学の人間像』(Kupfer 1984)がもたらした衝撃の後、ウルリヒ・ヘルマンによって編纂された論集『国民同胞の錬成《フォルムンク》――第三帝国の「教育国家」』(Herrmann 1985)、ハインツ-エルマー・テノルトによる文献報告「一九一八年から一九四五年までのドイツ教育史について」(Tenorth 1985)、そしてなにより一九八六年の『ツァイトシュリフト・フュア・ペダゴーギク』に掲載された彼の論文「一九三〇年から一九四五年までのドイツの教育科学――その構造転換の観点」(Tenorth 1986)によって、新教育(改革教育)から一九六〇年代までの教育科学の理論構成における連続性と非連続性をめぐる論争に完全に火がついた。ヴォルフガンク・カイムを中心とする研究グループは、近年、多数の公刊物を出し、保守的とみなされる精神科学的教育学とナチズムとの間に存在する親和性が従来の教育科学の歴史記述に書き込まれていないこと、また、この方向性を代表する多くの人々が少なくとも一時的にはナチズムのシステムを支援したことが十分に書き込まれていないこと、あるいは断定はできないとしても、そうしたことがあまりにも些末な扱いを受けてきたことを、証明しようと試みた。その際に論争の焦点となったのは、一九三三年から一九四五年までのドイツ教育学にみられた「唯一無二の歴史的な関係構造《フィグラツィオン》」というテノルトのテーゼ、そして「教育学的思考の独立および自律性」について「まず議論されるべきは政治的態度というカテゴリーにおいてではなく」、「教育学的思考そのものの特殊性が認識されるようなカテゴリーから」であるとする彼の主張であった。

こうした議論のなかで異論の余地がないと思われるのは、エドゥアルト・シュプランガーやヴィルヘルム・フリットナーといった精神科学的教育学の主導的代表者たちがナチズムのイデオロギーに対して「両面性」をみせたことであり、また、ペーター・ペーターゼンやテオドール・ヴィルヘルムの場合のように、そうしたイデオロギーに暫定的な賛同がみられたことである。また、カール・リンゲルバッハが『ナチズム期のドイツにおける教育および教育理論』(Lingelbach 1970, 1987²) の研究ですでに提起していた非難、すなわち、精神科学的教育学は抽象的なレベルでは社会的利害関心に対抗して教育学の自律性の要求にこだわっていたが、そのような「相対的な自律性」の条件および諸前提について省察する場合には社会的・政治的なコンテクストを考慮の外に追いやってしまっていた、ということに対しても異論はみられない。さらに、教育学の歴史記述においては、抵抗教育学や「亡命教育学」(Feidel-Mertz 1972)といった「よりよき伝統」(Tenorth 1986)に対して本来払われるべき注意がみられなかった、ということについても、意見は一致している。こうしたコンテクストにおいて、とくに打撃を受けたのは、ドイツにおける軍隊および軍国主義の伝統である。なかでも、軍隊教育学、「戦争メンタリティー」(Düllfer/Holl 1986)を流布させる明確な形式、戦争への教育(Hoffmann 1992b)が有していた分裂した役割が批判を受けた。

2　エーリッヒ・ヴェーニガー
——第三帝国以前および以後の精神科学的教育学という文脈下における軍隊教育学——

教育学とナチズムとの関係が歴史記述のうえで再構成され、それと関連した精神科学的教育学の理論コンセプトが根本的に問い直されるなかで、この学派の代表的人物たちは、ますます批判的吟味の対象となることに甘受しなければならなかった(Keim 1988; 1990a; 1990b)。だが、驚くべきことに、その際、この学派のなかでも最も著名で、しかも一九四五年以降の教育制度の編成において最も大きな影響を与えた代表的人物のひとりであるエーリッヒ・ヴェーニガーは、最初はほとんど注目されないままであった。一九三〇年から一九四五年までのドイツ教育科学における構造転換をその源泉と人物にとくに焦点を当てて吟味したハインツ－エルマー・テノルトの研究(Tenorth 1986)において、ヴェーニガーについては、どちらかといえば付随的に言及されただけであった。このことがとりわけ驚くべきことであるというのは、ヴェーニガーが明瞭かつ積極的に特殊な軍隊教育学の構想へ没頭し、しかも一九三四年から一〇年間にわたる彼の研究活動が「教育学と軍隊」の問題連関に重点的に向けられていたからである。一九四五年以降、彼は、他のどの著名なドイツの教育科学者よりも、こうした領域において風当たりの強い立場にあった。

「戦争を助長することに対する精神科学的教育学の寄与」(Beutler 1990) へ関心が寄せられることで、はじめてヴェーニガーの軍隊教育学は(再)発見され、批判的に分析された。イルゼ・ダーマーとヴォルフガンク・クラフキによって編纂された論集『末期の精神科学的教育学――エーリッヒ・ヴェーニガー』(1968) に収められたベルンハルト・シュベンクによるヴェーニガーの伝記(Schwenk 1968) およびヘルガ・シュヴェンクとベルンハルト・シュヴェンクによるヴェーニガーの文献目録(Schwenk/Schwenk 1968)は、軍隊に対するヴェーニガーの個人的な親近感について詳しく伝え、またヴェーニガーの関連公刊物を精密にリストアップした。だが、こうした比較的入念に解析されたデータベースはあってもそれらはけっして包括的な解釈までにいたることはなかった。ヴェーニガーの軍隊教育学については折にふれて言及されただけであった。そのことは、ヴェーニガーによるクラウゼヴィッツの受容を扱ったヘルムート・ガーセン（Gaßen 1978, S. 166ff.）やヘルムート・グーター（Guther 1966, S.155ff.）にもいえることである。ガーセン（Gaßen 1987, S.83ff.）はまた、このテーマにおいてゲッティンゲンの州立・大学図書館に保管された遺稿の意義について注意を促している。とはいえ、はじめて根本的な批判的分析へと突き進んでいったのは、クルト・ボイトラーによる複数の論文（Beutler 1989; 1990; 1991）である。その際、ボイトラーは、先述のゲッティンゲンの州立・大学図書館の遺稿だけではなく、フライブルクの連邦文書館・軍事文書館の史料も解釈の対象とした。ほぼ同じ頃、二つのシンポジウムで「エーリッヒ・ヴェーニガーと軍隊教育学」がテーマとなったが、そこにはヴェーニガーの弟子たちも何人か参加した。このシンポジウムの成果は、ディートリヒ・ホフマンとカール・ノイマンによって編集された論集『教育と軍人――エーリッヒ・ヴェーニガーの軍隊教育学および戦争への教育の伝統』（Hoffmann/Neumann 1992）に収められたが、この論集は、ボイトラーの研究とともに、一方では精神科学的教育学の観点から、また他方では「軍服を着た市民」という両面《アンビヴァレント》的な伝統的観点から、軍隊教育学者としてのヴェーニガーの全体的な評価を可能にした。「もうひとりのヴェーニガー」（Siemsen 1995）というイメージは、人生全体にわたって彼を魅了していた「軍人神話」（Loewy 1966）、「精神、教育、軍人」（版を重ねたヴェーニガーの著作『ゲーテと自由戦争の将軍たち』の副題がそうであった）の連関といった意味合いを含み込むかたちでとらえられるといえようが、このイメージは、さまざまなかたちでより明瞭に輪郭づけられ、それによって、ヴェーニガーのライフワークに関する論争的な議論が可能になった。論争は、はっきりとした肯定的評価(Neumann 1987; Hoffmann 1997; Klafki 1998)と挑発的な徹底した拒絶(Beutler 1995)との間で揺れ動いている。

そのようななかで、「軍隊、軍隊制度の歴史、軍隊と教育学」という一連のテーマに関するヴェーニガーの数多くの文献に示されたコンセプトが再構成されたが、それによって、シュヴェンクがヴェーニガーの生涯と作品を伝記的にスケッチすることによってすでにはっきりと立証していたことが明確化されることになった。シュヴェンクが立証していたこととは、ヴェーニガーは「心身ともに軍人であった。たとえば『猶予』や『責任』という彼の教育学の諸概念の多くは、このことによってはっきりと規定されるのだ」(Schwenk 1968, S. 25)、ということである。一八九四年に生まれたヴェーニガーは、一九一四年に二〇歳志願兵として第一次世界大戦に参加した。多くの同時代人たちと同様、彼の「戦争体験」は「生涯」の問題、つまり実存的体験として克服すべき「体験のカタストロフィー」であり続けた(Hoffmann 1992b, S. 98ff.)。ヴェーニガーは、この体験によって生じた「無意味なものに対して意味を付与する」という課題を、教育学的な目的設定によって解決しようとした。そのための前提は、「戦争体験」を「教育体験」とみなすということであった。このことは、彼による教授論の「教育内容理論」構想にみられる「実存的集中《エグジステンツィエレ・コンツェントラチツィオン》」という考え方にきわめて類似している。つまり、先の前提とは、「民族および人間的態度一般と関連した『一般陶冶』の形式」として「戦争体験」をみなすということにほかならなかった(Weniger 1963, Bd. 1, S. 97)。ヴェーニガーが軍隊教育学に関する最初の重要な文献において述べているように(Weniger 1920, S.213)、彼の視角からすれば、「戦争体験はむだであるはずがない」。それどころか、ヴェーニガーが教育学へと向かった主要な動機のひとつは、おそらく戦争体験に根ざしていたといってもよいだろう。彼の伝記と理論を主導する実践とは、最も早い段階で結びついていた。ヴェーニガーの場合、軍事上の経験概念と教育学上の経験概念の間には、今日的状況からすればどちらかといえば意外に思えるようなパラレルな関係が、すでに初期に見いだされる。だが、今日の観点からもっと意外に思えるのは、ヴェーニガーが一九四五年以降も当然のように認識モデルとして「構造的一致《ストゥルクトゥア・グライヒハイト》」を繰り返し引き合いに出していたことである。しかも、彼の軍隊教育学の著作(たとえばWeniger 1950を参照)においてだけでなく、そのほかの場合においてもそうであった。一九五九年にヘルマン・ノールの生誕八〇周年記念論文集の第二巻に捧げられた論文「教育論としての教授学」(Weniger 1963, Teil 2, S.67ff.)においてさえ、つまり「学校における方法の教授学的前提」の分析という文脈においてさえ、そのことはうかがえるのである。「奇妙なことであるが」とヴェーニガーは述べ、次のように続けている。「クラウゼヴィッツが現実としての戦争について語ったあらゆる箇所をみて教育現実について語ることができるし、軍事的統率者《フューラー》について考察していることをもとにして教育者について語ることができる」(S.67)。

　世界大戦の体験に関する反省が、教育学の観点からいっても、いかにさまざまであったかということは、ホフマン(Hoffman 1992b)によって詳細に分析されている。ヴェーニガーの師であるノールも、一九一五年の出来事の印象から影響を受けて、戦争のリアリティの「不気味さ」を新たな教育学的精神によって満たしてしまうという計画を思い描いた。この精神の「核心は、軍人のもつ人間的尊厳を認めることであり、そして人間に対してその支配者が新しい関係を結ぶことにある」(Blochmann 1969, S.76)。だが、ノールが「一瞬のよからざる狼狽のすえに形成された軍隊教育学の構想へとけっして引き戻されることはない」(Hoffmann 1992b, S.99)のに対して、ヴェーニガーは戦争体験をまさに特殊な教授学的挑発として把捉し、少なくとも一九三〇年から後期の著作にいたるまで、軍隊教育学を科学的かつ方法学的・実践的に完成させようと腐心した。また、彼は、ドイツ国防軍と連邦国防軍の双方における教育体制内において防衛教育を刷新することを通して、つねに権威ある立場を保ちながら、軍隊教育学を制度的に現実のものとすべく全力を尽くしたのである(Beutler 1990, S.64ff.; Baudissin 1992)。

ヴェーニガーは、後期の著作にいたるまで変わることのなかった基本的な立場を、一九三〇年の重要な論文「戦争のイメージ」においてすでに確立していた。それによれば、戦争は、人類史のうえで無視することができない現象である。「人間形成」の観点からいって、戦争経験は、根底的な意義を獲得する。このことは、前線の兵士として戦争そのものを体験せねばならなかった者にとって当てはまるばかりか(ヴェーニガーなら「体験することを許された」という言い回しの方をより好んで用いたかもしれない)、戦争経験という「本来的で独自の体験」を次世代へと媒介する際にも妥当する。「うまく伝承されていかねばならないそのような戦争にとって本来的なこと」(Weniger 1930, S.13) は、「共同体のなかで穏やかに関連づけられた個々人というまったく新しい種類の民族がそこに存在した」ということであると、ヴェーニガーには思われた (Weniger 1930, S.11)。ヴェーニガーは、疑いなく（また、自分も疑っていなかったであろうが）、「教養人にとって、戦争は人間的なものとして、また、人間形成的要素として立ち現れるべき」であるとする伝統を継承しており (Günther 1966, S.92)、「戦争の現実」が彼の生の哲学および有機体論的思考における民族、国民、国家についての基本的なイメージが意味する「実り多い」ものとなるための道を模索したのである。回顧的な視点からは、以下のように述べることができるだろう。ヴェーニガーの心性においては、『民族教育学的』で『国民教育学的』な思考法の回帰的投影」(Hoffmann 1992b, S.116) とでもいうべき解釈上のフィルムによって戦争経験が歴史的であると同時に未来試行的な克服を可能にしていたのであり、そのような心性が、ヴェーニガーの軍隊教育学およびそれにともなう具体的な「軍事教育」へと向かう傾向の源泉となっていたのだ、と。こうした観点からみると、ヴェーニガーの軍隊教育学に潜む「連続線」も重視されるだろう。つまり、一九三〇年から一九四五年までの彼の著作をテノルトがいう「歴史的で唯一無二の関係構造《フィグラツィオン》」(Tenorth 1986, S.301) の一例として解釈することは、むしろ困難になるのである。

今日の観点から概括的にいえることだが、ヴェーニガーの教育学構想は、一貫して、ヴィルヘルム期の社会における軍隊色の濃い「集合的心性」(Doerry 1986)、つまり、軍隊を「戦争に対応するための国全体の主要人間形成施設」としてみなす伝統によって特徴づけられていた。その場合、ヴェーニガーが「教養的軍人」(Goethe, Die Wahlverwandtschaften II, 5) に特別な魅力を感じていたことは、彼個人の性向からしてあきらかである。ヴェーニガーの立場は、したがって、そのような伝統が今日においてもなお備えている両義性のあらゆる特性を不可避的に有しているのである。

ヴェーニガーは、一貫して、教育および政治の両面において、社会的・政治的効力に順応する彼の本性をできるかぎり活用して、民主主義的に正当化された法治・文化国家の実現のために努力した。そのようなヴェーニガーの意向は、「民族共同体構想を非民主主義的に打ち出す際にも、彼にとって不可欠であり続けた法治・文化国家は保持されうる」(Mütter 1992, S.85) という信念にまで到達していた。この信念において、ヴェーニガーは、同時代の精神的エリートを代表する多くの人々と変わりがなかった。とりわけ第三帝国が独裁制としてますます確立されつつあった歴史的状況下にあって、ヴェーニガーにとって彼の国家政治的構想を実現するために最も重要な手段と思われたのは、ドイツ運動の人間性理想と「教育国家」の模範像を目指し、教育によって形成される軍隊であった。そのような軍隊において、将校は、「統率者《フューラー》」として、軍人的資格と教育学的資格とのどちらも兼ね備えていなければならないはずの者であった。教育学にとっての主導的観念が「学校における民族」であったように、軍隊教育学にとってのそれは「軍における民族」であった (Weniger 1938, S.33ff.)。その場合、政治的かつ軍人的な責任は、「民族」と「国家」という目標に集約される課題へと等しく関連づけられていた。その際に教育学者たちを導く目標観念であったのは、政治と国防の両面において個人に対して自立的に介入することであった。ベルント・ミュッターの指摘によれば、こうしたことと関連させてヴェーニガーが理解する「課題」と「責任」といったカテゴリーは、「市民と軍人が独自に決定したことを無効にし、命令に対する『盲目的服従』や統率者《フューラー》に対して無条件に『従者のように忠誠させること』を目標とする」(Mütter 1992, S.81) ような旧来の官治国およびナチズムにおける「課題」と「責任」のカテゴリーとは明らかに別物であった。

しかし、本来の意向に反して、とはいえ、機能的にみてイデオロギー上の煽動が生じた場合に抵抗力をもたなかったにすぎないのだが、ヴェーニガーの(軍隊)教育学的構想が右派勢力と一線を画す可能性はあまりにも弱く、彼の構想からナショナリズムのファシズム的性格を拒否することを原理として定式化することはできなかったし、ましてや、ヴェーニガー自身がそのような定式化を行うことなどなかった(Beutler 1990, S.71)。少なくとも、軍隊が結局のところ奇妙なイデオロギー的目標のために煽動されてしまう危険を、ヴェーニガーがどれほど見抜いていたかという点については、判然としないままである。「『歴史的に理解する』という心構えがあっても」、と近年ハンス・ショイヤールは述べ、次のように続けている。「彼は、そこを越えてしまうと『教育学的』な正当化をもはやなすことができなくなるような境界を、ここで踏み越えてしまった」ようにみえる、と。「しかも、近代的戦争の大量虐殺としての性格を、すでに一九一六年および一九一七年以降、世界が目の当たりにしていただけに、よけいそのように思われる」(Scheuerl, 1992, S.649f.)のだ。

ガーセンは、ヴェーニガーの軍隊教育学に関する著作の投げかける解釈問題を、次のような問いのかたちで要約的に示した。「第三帝国におけるヴェーニガーとは、実際にはだれのことであったのか。幻惑された観念論者であったのか、(熱望された『民族共同体』にいたろうとして挫折した試みである)ワイマール共和国への『裏切られた愛情』から生まれた統率者《フューラー》国家の支持者であったのか。それとも、強烈な事態を前にして状況に流される日和見主義者であったのか。当時頻繁に批評され、批評されるときにはつねに賛同を得ていたこの著者は、一九四二年の一二月以降少佐の称号を得ていたが、自分が国家社会主義者であることを確信する人物であったのか。それとも、まったくそれとは逆に、生き延びるためにカモフラージュせねばならなかった、偽装した戦う抵抗者だったのだろうか」(Gaßen 1992, S.126f.)。

軍隊教育学に関する文献を解釈する際に生じるあきらかな矛盾に直面して、ガーセンは、一面的な断定をしないよう注意を促し、また「時期と状況を区分した解釈をおこなう」ことを主張した(Gaßen 1992, S.127)。だが、そのようなガーセンでさえ、ナチズムの観念価値に対するヴェーニガーの親和性は看過しえないものである、という結論にいたっている(Gaßen 1992, S.135f.)。なぜなら、ヴェーニガーが要求した「ドイツの生活圏を拡大すること」も含む「民族と国家の自己主張」の手段として、戦争およびそれを理想に仕立て上げるような神秘化が同時になされており、「偉大な客観性との結びつき」

(Weniger 1933, Sp.4) の統一性と秩序を目指す社会像が政治的に解釈されているからだ、というわけである。

　ヴェーニガーを何の制約もなく民族主義的《フェルキッシュ》で国民国家主義的な軍国主義の伝統のうちに位置づけることは、たしかに早計であろう。だが、彼が、「戦争に対する理想主義的な美化」、つまり、「幻想によって恐るべき現実」(Ritter 1954) に覆いをかけることの危険を過小に見積もっていたことも、またたしかなことである。ナチズムの独裁制を確立するための最も権威的で潜在的には最強の「推進者」となるように軍部が強いられたことも、ヴェーニガーは重くみていなかった (Messerschmidt 1986, S.47)。ある民族の若者を戦争のために——第三帝国の文脈では、あきらかに侵略戦争のために、ということなのだが——教育することが教育学的に適切なのかと、ヴェーニガーは自問することなどなかった (Beutler 1990, S.65)。軍隊的なものや軍人的なものの尊厳について、彼は疑うことはなかった。このことは、一九四五年以降も変わっていない。五〇年代における再軍備と連邦国防軍設立をめぐるきわめて対立に満ちた論争にも影響を受けることはなかった。彼の五〇年代の軍隊教育学が「内的統率《インネレ・フュールンク》」の原理の完成に重要な貢献をなしたことはよく知られているとおりだが、そこでヴェーニガーは、保守反動的な軍隊の伝統が連邦国防軍において継続されることに対して、激しく反対した。広島と長崎の原爆投下によってデモンストレーションされた産業化された人間殺戮は、戦争を別の手段による政治の継続として理解することを原理的に不可能にし、それまで想像しえなかったそうした現実に直面して、兵士たちの責任を来るべき戦争へと向かわしめることが時代遅れのものになってしまいかねない、という考え方を生じさせた。だが、それは、歴史、政治、そして新生ドイツ共和国の課題についての彼の理解に反するものであった。

たとえば、ベンノ・ライフェンベルクやゲオルク・ピヒトによって提起されたような連邦国防軍の設立に対する根本的な批判に対して、ヴェーニガーは「自由の擁護者がもたらす自由の危機」(Weniger 1959b)といった伝統的な論証によって対抗した。ヴェーニガーは、一貫して、軍隊と近代社会との関係において「両者が共起しえない」(Vogt 1986)という見解を一点の疑いもなく支持していた。「対抗文化としての軍隊」という思想は、彼にとって疎遠なものではなかった。ヴェーニガーは、すでに彼の軍隊教育学の中心的研究である「軍事教育と戦争経験」(Weniger 1938, S.296f.)において、「平和教育の矛盾に満ちた状況」と、「戦争的行為」に関するの理論の必要性と、「あらゆる打算と思惑を超えた道徳的作用」をも考慮に入れることとを、精密に区別していた。それにもかかわらず、彼の軍隊教育学構想の出発点であり続けたのは、「民族、国家、軍部の構築」を担うことのできる「新しい精神が誕生する」場としての「世界戦争」であった。「世界戦争は、なおさまざまな点において悪化の一途を辿っていたのだが、それにもかかわらず」、である。ヴェーニガーは、第二次世界大戦において再びきわめて高度な形態をとった産業化された殺戮を自ら経験したがゆえに、軍隊に重きを置くプロイセン市民的な伝統にとらわれており、変わらぬ伝統的で軍人的な思考範型を、ヨーロッパ軍もしくはいわゆるＮＡＴＯ防衛任務に組み入れられたドイツ軍という枠内で連邦国防軍を確立する状況に転用した。「国家的権力と社会的権力が同一化した客体」(Fleckenstein 1970)として軍をとらえる伝統主義的な原則を、彼は放棄することがなかった。「精神的、政治的、あるいは軍人的な面において新しい状況に直面する場合、われわれは歴史のなかで作用していたさまざまな力から、したがって、厳密な意味においてこれまで効力のあった軍人的伝統からも、新たな選り抜き《アウスレーゼ》をつくりだすことを余儀なくされる」。そのようにして、「軍人的なものの真の伝統との関連を維持していながらも新しい軍人のための道が開かれるであろう」(Weniger 1990, S.322f.)というわけだ。

3 「精神、教養、軍人」――批判的軍隊教育学を教育学ディシプリンに対する挑発として基礎づけようとしたエーリッヒ・ヴェーニガーの試み――

精神科学的教育学を導いてきた代表者たちが、ナチズム的かつファッショ的な観念価値に対して親和的であり、また両面的でもあったことは、軍隊教育学的な著作の分析によって、ここ一〇年で完全にあきらかとなってきた。そのことがとりわけ歴然となったのは、エーリッヒ・ヴェーニガーの事例である。「教育国家」を文化教育学的・ナショナリスト的に擁護することと自由主義的・民主主義的に擁護することの間にみられる連続線において、「驚く」べきことに(Klafki 1998, S.154)いくつかの断絶が露わとなった。もっとも、ヴェーニガーという人物全体と経歴を正当に評価するするための判断を困難にするような矛盾が、その際に生起していた。そうした矛盾によって、少なくとも、『政治化と軍隊化の間にある精神科学的教育学――エーリッヒ・ヴェーニガー』(Bentler 1995)という主題のもとに展開されたクルト・ボイトラーの随所にわたるあからさまな挑発的解釈にみられるように、ヴェーニガーが単純に「再ナチ化」(Hoffmann 1997)されたとは断言できないのである。

オスヴァルト・クロー(Storm 1998; Retter 2001)のような他の重要な学者たちの場合、彼らのナチズムにおける問題をはらんだ過去は、いわば大幅な遅延の後にはじめて解明された。すでに述べたように、ボイトラーは、彼の包括的なヴェーニガー研究のタイトルをとおして、I・ダーマーとW・クラフキによって一九六八年に編纂されたヴェーニガー記念論集が二〇世紀後半におけるドイツ教育科学に関する歴史編纂上の「重要な文献」であることをほのめかしている。この論集では、ヴェーニガーは、ワイマール共和国と戦後ドイツにおけるドイツ教育学の発展に対して精神科学的教育学の立場から影響を及ぼした重要人物として、多様な角度から讃えられている。ヴェーニガーは、教科課程の理論家として評価されている。また、教育学の特殊分野としての一般教授学および専門教授学の確立に多大な貢献をなし、彼自身そのような領域における多数の論考を、つまり、国民教育、歴史教育、政治教育、成人教育および社会教育に関する多数の論考を公にした教育内容の理論構築家としても評価されている。彼はまた、第二次大戦前後における教員養成の先駆的な思想家および組織者のひとりとしても、さらには、ドイツ連邦共和国における教育制度の新しい組織化を課題とした計画協議会の中心的人物としても評価されている。それとは対照的に、こうした批判的でありながらも総括的な賞賛が行われるなかで、軍事史家および軍隊教育学者としてのヴェーニガーについてはふれられずにいた(Neumann 1987; 1993)。こうした「別のヴェーニガー」(Siemsen 1995)は、「勘違いとみなされ、関心がもたれることもなく、無視された」のだった(Klafki 1998, S.154)。

ディシプリンとしての教育学の関心は、一九六八年の時点では、歴史記述よりも社会理論および自己省察に強調点が置かれていた。このことを明瞭にしてしてくれたのは、上述の記念論集のような「重要テキスト」である。啓蒙哲学の人類的理想を目指した個人および社会の変革、「批判的教育科学における解放と合理性」(Feuerstein 1973)、社会的状況の変革というコンテクストにおける教育制度の貢献、またそれと関連した「教育学研究における現実主義的転回」(Roth 1967)。こうした指導的な諸観念は、やがてくるだろうと予想された「教育のカタストロフィー」(Picht 1965)を回避するための需要計画および教育政治上の要請が強力な衝撃となって引き起こされたもので、六〇年代において教育科学の理論的発展を大いに活気づけた(Neumann 1986)。そのような教育に関する科学的実践の主潮流に対して、軍隊教育学は、一九世紀初頭からつねに国内の軍事に関する教育システムが制度的に強化されてきたにもかかわらず、今日にいたるまでそれに見合うような独立した場を教育科学の体系において獲得しておらず(Royl 1989; 1991)、「公式の」注目を受けることもなかった。おそらく、記念論集に寄稿した論者たちも、戦争の現実によって「否定的当惑」(Hoffmann 1992b, S.98ff)が深く刻み込まれ、そのような当惑が「秘密の、あるいは隠蔽された防衛の」(Klafki 1998, S.11)メカニズムによって強められたために、軍隊教育学の領域において獲得された風当たりの強いヴェーニガーの立地点と「批判的に」対決することを、軍隊教育およびナチズム期の軍隊、教育、政治の関連に関するディシプリンの位置を確定するために活用する機会が得られなかったのだろう。一九九二年になってはじめて、シュヴェンクが、評価の定まらないヴェーニガーの著作『軍事教育と戦争経験』(Weniger 1938)を彼の(公刊されなかった)『一般教育学』として解釈しようと試みた(Schwenk 1992)。シュヴェンクの試みは、今日においても異例の挑戦であるといってよい。ヴェーニガーが軍隊を好んでいたとバーバラ・ジームゼンによって要約的に彼の特徴づけが試みられたのは、かなりあとになってからのことである。「彼は、けれども、根っからの国家社会主義者ではなかった。彼は、反ユダヤ主義的な文献を著してはいないし、人種主義的イデオロギーは彼の思想における中核ではなかった。それでは、教育学ディシプリンはそのことによって安堵することができるだろうか。答えは否である。なぜなら、彼に見受けられる信念の連続性は、その作用という点では、上述の時代におけるドイツの歴史的行程にとって典型例であるからだ」(Siemsen 1995, S.313)。ヴェーニガーにとって、「軍事教育」を統合的な「民族教育」の要素として一貫して理解するという根本的前提があったことは、一九四五年以降もあきらかに疑う余地がなかった。「軍隊教育学の教育科学的再構成」(Royl 1989)という今日の試みは、連邦国防軍のためのヴェーニガーの軍隊教育学構想、つまり、「軍人的なるものを民主主義的な指導理念として適切に確立する」(Royl 1989, S. 33) ということと密接に結びついている。このことは、比較分析によって容易に示すことができるだろう。[今日の軍隊教育学によれば] 連邦国防軍の「内的統率《インネレ・フュールンク》」の原則に従って、「自由で民主主義的な体制の領土および担い手としての国家が防衛に対して尊厳をもつことが、兵員と将校をひとつの全体的な責任へと向かわしめることになる。軍人には、国内外の双方に対して国家を維持することを支援するような責任あるエリート集団のひとつへと軍隊を発展させることに参与する機会がある」(Royl 1991, S.536) とされる。今日の軍隊教育学が前提としていることは、伝統的に軍隊および教育システムにとって典型であるような「孤島の文化」が価値中立的で民主主義的な社会のなかで「対抗文化」を育んではならない、ということである。その際に、今日の軍隊教育学は、あきらかに伝統主義的な様式に立ち戻っている。つまり、「自然の成り行きと軍事的脅威というリスクがもとになって……平和を確実なものにするために強制されることなく無欲で突撃するような軍人的要素を養成し維持しつづけていくことが、人道的なすぐれた特性となるのである」(Royl 1991, S.541f.)。

ヴェーニガーにとっても、「軍人のハビトゥス」として決定的なのは、国家、民族、祖国に立ち戻ることによって導き出されるような「人倫的」性格である。シュヴェンクが指摘したことであるが、われわれは、軍隊が必要であると判断する場合、軍隊を「二重の尺度で測定する」(Schwenk 1992, S.143) ことにかつてから慣れている。「軍人的なもの」を「人倫的なもの」と認めることを可能にする参照枠は、今日にあってはほとんどの人々にとって失われたものである。シュヴェンクの見解によれば、われわれは個人に関する教育学にあまりに集中しすぎており、そのために、ヴェーニガーを、とりわけ彼の軍隊教育学の著作を直接読んだり、ましてや理解することが困難になっている。「ワイマールからボンに至るまでのドイツの軍人教育学」(Beutler 1989) という緊張した領域におけるヴェーニガーの軍隊教育学は、まぎれもなく、多くの批判的な問いにさらされている。国家の「要請」に対して「教育学が調停を施すような弁証法的関係」(Kaiser 1983) のなかで、「軍人のハビトゥス」を自由を擁護するための手段ととらえ、けれども同時に「従者の忠誠心」を要求するような教育学でさえ、アンビバレンスへとはまり込むものであるが、彼の軍隊教育学は、そうしたアンビバレンスを間接的にしか主題化していない。近代における大量殺戮戦争がもたらす帰結の問題について、ヴェーニガーが語ることはない。平和の擁護ではなく、戦争における突撃の準備を軍人にさせることが、ヴェーニガーにとって軍隊教育と軍人養成における中心的な目標点である。このことは、いずれにせよ、第三帝国期における彼の軍隊教育学の著作においてはあきらかであった。彼の軍隊教育学は、高度な道徳的パトスを負ってはいるが、以上のように、それが政治の道具と化しているのではないかという疑念を払拭することはできないでいる (Klafki 1998, S.154ff.)。軍隊的な「教育」の根本的要素をヴェーニガーが説明したとき、その説明はおぼろげな見解にならざるをえなかった。彼によれば、「政治的軍人と国民的同志の形成にとって」教育理論は必要ではないが、一方で、「教化《インドクトリナチオン》」がその受け手の同意をとりつけることができ、日常において民族共同体と『新たな帝国』のシミュレーションがもっともらしく感じられ、またそれが信じられる」(Dudek 1995, S.304) ように「状況を整えたり、そのための世界観を付与することができる教育学的な知と心理学的な知」は必要とされた。

ヴェーニガーによる一九四五年以降の軍隊教育学的著作が示しているように、以上のことは真相のすべてではない。教育学は、立地点を確定しようとするそうした問題とはどちらかといえば無縁なディシプリンであるが、それとは逆に、ヴェーニガーは、「軍服を着た市民」の模範像をめぐる議論へと挑戦的に自ら参入していった。将来避けられそうもない戦争に備えて軍隊教育学的に軍人のハビトゥスを形成し、そのことを通して戦争のための教育を行うというスキャンダルと戦うためには、必然的に「国民の学校としての軍隊」という伝統的模範像が新たな教育方針にされなければならなかったのだろう。「内的統率《インネレ・フュールンク》」の観点からみた場合の軍隊教育学の「中心的公準」となるのは、当然、軍人に対する「連帯責任への教育」である。近代的《モデルン》な軍人は、戦闘のためにだけ養成されてはならず、「平和維持《ピース・キーピング》」、つまり平和維持活動《フリーデンスエアハルテンデ・マスナーメン》のためにも養成される必要がある。「学校としての軍」(Böhm 2003) の復興とか、「軍部」および最近のアメリカにみられる戦時のお手本となるような軍部の成果に対する「奇妙な驚嘆」(Göller 2003) といった、穏やかならぬ報道がきこえてくるが、こうした報道に直面するとき、ヴェーニガーの軍隊教育学は、その矛盾のあらゆる徴表も含めて、歴史的主張であると同時に強力な現下の政治的要求に関する論証上のコンテクストであることがわかる。

文献

Arnim, G. von: Das große Schweigen. Von der Schwierigkeit, mit den Schatten zu leben. München 1989.

Baudissin, W. Graf von: Innere Führung. Versuch einer Reform. In: Zeitschrift für Pädagogik. 11 (1965), S.105–121.

——Zum Konzept der Inneren Führung—In dankbarer Erinnerung an Erich Weniger. In: D. Hoffmann/K. Neumann (Hrsg.): Bildung und Soldatentum. Weinheim 1992, S.163–171.

Beutler, K.: Deutsche Soldatenerziehung von Weimar bis Bonn. Erinnerung an Erich Wenigers Militärpolitik. In: päd. extra & Demokratische Erziehung. Jg. 1989. H. 7/8, S.47–53.

——Militärpolitische Aspekte bei Erich Weniger. Zum kriegsfördernden Beitrag geisteswissenschaftlicher Pädagogik. In: W. Keim (Hrsg.): Erziehungswissenschaft und Nationalsozialismus—Eine kritische Positionsbestimmung. Marburg 1990, S.60–72.

——Erich Weniger—Reformpädagoge und Militärtheoretiker. In: Pädagogik und Schulalltag 46 (1991), S.280–290.

——Geisteswissenschaftliche Pädagogik zwischen Politisierung und Militarisierung—Erich Weniger. Frankfurt/M. 1995.

Blankertz, H./Hoffmann, D.: Geschichtsunterricht und Politische Bildung. In: I. Dahmer/W. Klafki (Hrsg.): Geisteswissenschaftliche Pädagogik am Ausgang ihrer Epoche—Erich Weniger. Weinheim 1968, S.175–194.

Blochmann, E.: Herman Nohl 1879–1960. Göttingen 1969.

Bracher, K.D./Funke, M./Jacobsen, H.-A. (Hrsg.): Nationalsozialistische Diktatur 1933-1945. Eine Bilanz. Bonn 1983.

Broszat, M.: Plädoyer für eine Historisierung des Nationalsozialismus. In: Merkur 39 (1985), S.373–385.

Bundesminsterium für Verteidigung (Hrsg.): Handbuch Innere Führung. Bonn 1957.

Böhm, A.: Die Army macht Schule. In: DIE ZEIT v. 9.01.2003, S. 9–12

Dahmer, I.: Theorie und Praxis. In: I. Dahmer/W. Klafki (Hrsg.): Geisteswissenschaftliche Pädagogik am Ausgang ihrer Epoche—Erich Weniger. Weinheim 1968, S.35–80.

——/Klafki, W. (Hrsg.): Geisteswissenschaftliche Pädagogik am Ausgang ihrer Epoche—Erich Weniger. Weinheim 1968.

Deutscher Ausschuß für das Erziehungs und Bildungswesen: Empfehlungen und Gutachten. Folge 1. Stuttgart 1955.

——Empfehlungen und Gutachten. Folge 2. Stuttgart 1957.

Doerry, M.: Übergangsmenschen. Die Mentalität der Wilhelminer und die Krise des Kaiserreichs. 2 Bde. Weinheim 1986.

Driftmann, H.-H.: Grundzüge des militärischen Erziehungs- und Bildungswesens in der Zeit 1871–1939. Regensburg 1980.

Dudek, P.: "Der Rückblick auf die Vergangenheit wird sich nicht vermeiden lassen". Zur pädagogischen Verarbeitung des Nationalsozialismus in Deutschland. Opladen 1995.

Düllfer, J./Holl, K. (Hrsg.): Bereit zum Krieg. Kriegsmentalität im wilhelminischen Deutschland 1890-1914. Göttingen 1986.

Feidel-Mertz, H.: Zur Ideologie der Arbeiterbildung. Frankfurt am Main 1972.

Feuerstein, T.: Emanzipation und Rationalität einer kritischen Erziehungswissenschaft. München 1973.

Fleckenstein, B.: Die moderne Armee und die Industriegesellschaft. In: Evangelische Akademie Loccum (Hrsg.): Das Bild des Soldaten in der Öffentlichkeit. Loccumer Protokolle 2 1970.

Gaßen, H.: Geisteswissenschaftliche Pädagogik auf dem Wege zu kritischer Theorie. Weinheim 1978.

——Zur Interpretationsproblematik der militärpädagogischen Schriften Erich Wenigers aus der Zeit des 'Dritten Reiches'. In: D. Hoffmann/K. Neumann (Hrsg.): Bildung und Soldatentum. Weinheim 1992. S.125-139.

Göller, J.-TH.: Seltsame Bewunderung für die Wehrmacht. In: Das Parlament v. 7.07.2003, S.12.

Günther, W.: Spiel, Kampf und Arbeit als Formen der Selbstbildung im Frühwerk Ernst Jüngers. Kiel 1966.

Guther, H.: Die philosophisch-theoretischen Positionen Erich Wenigers und sein System der politischen Erziehung. Diss. phil. Potsdam 1966.

Haber, G.: Grundzüge der soldatischen Erziehung. Langensalza 1929.

Hentig, H. von: Diesseits der Leitbilder—Gedanken eines Pädagogen zur inneren Situation der Bundeswehr. In: Merkur 18 (1964), S.915-936.

Herrmann, U. (Hrsg.): Die Formung des Volksgenossen Weinheim und Basel 1985.

Hoffmann, D./Neumann, K. (Hrsg.): Bildung und Soldatentum. Die Militärpädagogik Erich Wenigers und die Tradition der Erziehung zum Kriege. Weinheim 1992.

——Die Wirklichkeit des Krieges in der Pädagogik. In: D. Hoffmann/K. Neumann (Hrsg.): Bildung und Soldatentum. Weinheim 1992a, S.53–68.

——Erziehung vor Verdun. Über die Gründe unterschiedlicher Reflexion des Erlebnisses des Ersten Weltkrieges. In: D. Hoffmann/K. Neumann (Hrsg.): Bildung und Soldatentum. Weinheim 1992b, S.97–124.

——Gegen eine Renazifizierung Erich Wenigers. In: Die Deutsche Schule 89 (1997), S.497–504.

Kaiser, A.: Militärdienst. In: Enzyklopädie Erziehungswissenschaft. Bd.9.2. Stuttgart 1983, S.406–413.

Keim, W. (Hrsg.): Pädagogen und Pädagogik im Nationalsozialismus—Ein unerledigtes Problem der Erziehungswissenschaft (Studien zur Bildungsreform, Bd.16). Frankfurt am Main 1988.

——(Hrsg.): Erziehungswissenschaft und Nationalsozialismus—Eine kritische Positionsbestimmung. Marburg 1990a.

——Pädagogik und Nationalsozialismus—Zwischenbilanz einer Auseinandersetzung innerhalb der bundesdeutschen Erziehungswissenschaft. In: W. Keim (Hrsg.): Erziehungswissenschaft und Nationalsozialismus. Marburg 1990b, S.14–27.

Klafki, W. (Hrsg.): Verführung, Distanzierung, Ernüchterung. Kindheit und Jugend im Nationalsozialismus. Weinheim 1988.

——Zur Militärpädagogik Erich Wenigers. Ertrag und Problematik der Untersuchung Kurt Beutlers. In:

Zeitschrift für Pädagogik 44 (1998), S.149-160.

Köhler, O.: Schreibmaschinen—Täter. Journalisten im Dritten Reich und danach: eine vergessene Vergangenheit, eine unwillkommene Debatte. In: DIE ZEIT, 15. Januar 1988, S.33f.

Kunert, H.: Deutsche Reformpädagogik und Faschismus. Hannover 1973.

Kupfer, H.: Der Faschismus und das Menschenbild der deutschen Pädagogik. In: Otto, H.-U./Sünker, H. (Hrsg.): Sozialarbeit und Faschismus. Bielefeld 1984.

Lemmermann, H.: Kriegserziehung im Kaiserreich. Studien zur politischen Funktion von Schule und Schulmusik 1890–1918. Band 1: Darstellung. Band 2: Dokumentation. Bremen 1984.

Lingelbach, K.-Chr.: Erziehung und Erziehungstheorien im nationalsozialistischen Deutschland. Frankfurt am Main 1987.

Loewy, E.: Literatur unter dem Hakenkreuz. Das Dritte Reich und seine Dichtung. Frankfurt am Main 1966.

Lundgreen, P. (Hrsg.): Wissenschaft im Dritten Reich. Frankfurt am Main 1985.

Messerschmidt, M.: Grundzüge der Geschichte des preussisch-deutschen Militärs. In: W. Gamm (Hrsg.): Militärische Sozialisation. Darmstadt 1986, S.17–57.

Müller, H.-H.: Der Krieg und die Schriftsteller. Der Kriegsroman der Weimarer Republik. Stuttart 1986.

Mütter, B.: Zwei Bewältigungen des Kriegserlebnisses: Erich Wenigers Geschichtsdidaktik und seine Militärpädagogik zwischen den beiden Weltkriegen. In: D. Hoffmann/K. Neumann (Hrsg.): Bildung und Soldatentum. Weinheim 1992, S.69–96.

Neumann, K.: Tendenzen der gegenwärtigen Erziehungswissenschaft. In: Jahrbuch der Religionspädagogik. Bd.2. Neukirchen-Vluyn 1986, S.71–92.

——Erich Weniger—Erziehungswirklichkeit und pädagogische Autonomie. In: D. Hoffmann (Hrsg.): Pädagogik an der Georg-August-Universität Göttingen. Göttingen 1987, S.139–161.

——Die Militärpädagogik Erich Wenigers—Zur ambivalenten Tradition des 'Bürgers in Uniform'. In: D. Hoffmann/k. Neumann (Hrsg.): Bildung und Soldatentum. Weinheim 1992, S.7–15.

——Das ungeschriebene Kapitel: Erich Weniger und die Militärpädagogik. In: D. Hoffmann/K. Neumann (Hrsg.): Tradition und Transformation der Geisteswissenschaftlichen Pädagogik. Zur Re-Vision der Weniger—Gedenkschrift. Weinheim 1993, S.179–195.

Nohl, H.: Pädagogische und politische Aufsätze. Jena 1919.

Otten, K.: Geplante Illusionen. Eine Analyse des Faschismus. Frankfurt 1989.

Picht, G. (Hrsg.): Weltbild und Erziehung. Würzburg 1965.

Retter, H.: Oswald Kroh und der Nationalsozialismus. Weinheim 2001

Ringer, F.K.J.: Die Gelehrten. Der Niedergang der deutschen Mandarine 1890–1923. München 1987.

Ritter, G.: Die ersten Militaristen. Der Ursprung der Gefahr. In: Frankfurter Allgemeine Zeitung. Nr.67. Ereignisse und Gestalten vom 20.03.1954.

Roth, H.: Die realistische Wendung in der pädagogischen Forschung. In: H. Thiersch/H. Tütken (Hrsg.): Erziehungswissenschaft, Erziehungsfeld und Lehrerbildung. Hannover 1967, S.113–126.

Royl, W.: Zur erziehungswissenschaftlichen Rekonstruktion der Militärpädagogik. In: E. van Troitsenburg (Hrsg.): Militärpädagogik. Frankfurt 1989, S.29-86.

——Militärpädagogik. In: L. Roth (Hrsg.): Pädagogik. Handbuch für Studium und Praxis. München 1991, S.536-542.

Scheuerl, H.: Besprechung zu Erich Weniger: Die Schriften zu Erziehung, Politik, Geschichte, Lehrerbildung, Sozialpädagogik, Militärpädagogik. Ausgewählt und kommentiert von H. Gaßen. 2 Bde. Weinheim 1990. In: Zeitschrift für Pädagogik. 38 (1992), S.645-650.

Schwenk, B.: Erich Weniger—Leben und Werk. In: I. Dahmer/W. Klafki (Hrsg.): Geisteswissenschaftliche Pädagogik am Ausgang ihrer Epoche—Erich Weniger. Weinheim 1968, S.1-33.

——/Schwenk, H.: Bibliographie Erich Weniger. In: I. Dahmer/W. Klafki (Hrsg.): Geisteswissenschaftliche Pädagogik am Ausgang ihrer Epoche—Erich Weniger. Weinheim 1968, S.299-322.

——"Wehrmachtserziehung und Kriegserfahrung"—Erich Wenigers Allgemeine Pädagogik? In: D. Hoffmann/K. Neumann (Hrsg.): Bildung und Soldatentum. Weinheim 1992, S.141-151.

Siemsen, B.: Der andere Weniger. Eine Untersuchung zu Wenigers kaum beachteten Schriften. Frankfurt am Main 1995.

Steinhoff, J./Pechel, P./Showalter, D. (Hrsg.): Deutsche im Zweiten Weltkrieg. München 1989.

Storm, G.: Oswald Kroh und die nationalsozialistische Ideologie seiner Pädagogik. Braunschweig 1998.

Stübig, H.: Pädagogik und Politik in der preußischen Reformzeit. Weinheim 1982.

——Die Armee als 'Schule der Nation'. Entwicklungslinien der sozialen Militarisierung im 19. Jahrhundert. In: D. Hoffmann/K. Neumann (Hrsg.): Bildung und Soldatentum. Weinheim 1992, S.35-

51.

Tenorth, H.-E.: Deutsche Erziehungswissenschaft 1930 bis 1945. In: Zeitschrift für Pädagogik. 32 (1986), S.299–321.

——Zur deutschen Bildungsgeschichte 1918–1945. Köln 1985.

Thiersch, H.: Pädagogische Verantwortung. In: I. Dahmer/W. Klafki (Hrsg.): Geisteswissenschaftliche Pädagogik am Ausgang ihrer Epoche – Erich Weniger. Weinheim 1968, S.81–101.

Vogt, W.: Das Theorem der Inkompatibilität. Zur Unvereinbarkeit von atomarer Militärgewalt und fortgeschrittener Gesellschaft. In: Vogt, W.: (Hrsg.): Sicherheitspolitik und Streitkräfte in der Legitimitätskrise. Baden-Baden 1983, S. 21–57.

——(Hrsg.): Militär als Gegenkultur? Streitkräfte im Wandel der Gesellschaft. Leverkusen 1986.

Vondung, K. (Hrsg.): Kriegserlebnis. Der Erste Weltkrieg in der literarischen Gestaltung und symbolischen Deutung der Nationen. Göttingen 1980.

Weber, B.: Pädagogik und Politik vom Kaiserreich zum Faschismus. Königstein 1979.

Weniger, E.: Rezension zu K. Henke (Hrsg.): Infanterie–Regiment Bremen im Felde 1914–1918. Bremen 1919. In: Die Schwarzburg. Hochschulmonatsschrift 2 (1920). H. 10/11, S.213.

WENIGER, E.: Das Bild des Krieges. In: Die Erziehung 5 (1930), S.1–21.

——Die Dilthey-Schule. In: Frankfurter Zeitung. Beilage 'Für Hochschule und Jugend'. 19. November 1933, Sp. 3f.

——Kriegserinnerung und Kriegserfahrung. In: Deutsche Zeitschrift. 48. Jg. des Kunstwarts (1935),

S.397–405.

——Wehrmachtserziehung und Kriegserfahrung. Berlin 1938.

——Führerauslese und Führereinsatz im Kriege und das soldatische Urteil der Front. II. Teil. Der Feldherr als Erzieher. In: Militärwissenschaftliche Rundschau 6 (1941), S.198–206.

——Die Erziehung des deutschen Soldaten. Paris 1944.

——Die Selbständigkeit der Unterführer und ihre Grenzen. In: Militärwissenschaftliche Rundschau 9 (1944), S.101–115.

——Neue Wege im Geschichtsunterricht. In: Die Sammlung 1 (1945/46), S. 339–343, S.404–411, S.500–511.

——Zur Vorgeschichte des 20. Juli 1944. Heinrich von Stülpnagel. In: Die Sammlung 4 (1949), S.475–492.

——Philosophie und Bildung im Denken von Clausewitz. In: Schicksalswege deutscher Vergangenheit. Festschrift für Siegfried Kaehler zum 65. Geburtstag. Düsseldorf 1950, S.123–143.

——Die Eigenständigkeit der Erziehung in Theorie und Praxis. Weinheim o.J. (1953).

——Theorie und Praxis in der Erziehung. In: Ders.: Die Eigenständigkeit der Erziehung in Theorie und Praxis. Probleme der akademischen Lehrerbildung. Weinheim 1953, S.7–22.

——Didaktik als Bildungslehre. Teil 1. Theorie der Bildungsinhalte und des Lehrplans. Weinheim 1963; Teil 2. Didaktische Voraussetzungen der Methode in der Schule. Weinheim 1963.

——Bürger in Uniform. In: Die Sammlung 8 (1953), S.57–65.

——Thesen als Vorbericht für die Aufgaben der politischen Erziehung in der Truppe. In: Die Sammlung 8

(1953), S.158–160.

——Bürger in Waffen. Ein Nachwort. In: Die Sammlung 8 (1953), S.396–399.

——Die europäische Verteidigung und ihre Bedeutung für die pädagogischen Aufgaben in der Berufserziehung. Vortrag vom 11. Juni 1954. In: Mitteilungen für die Bergberufsschulen der Westfälischen Berggewerkschaftsklasse. 1955. Nr. 2, S.1–7.

——Die Erziehung des Soldaten. In: Die Sammlung 11 (1956), S.577–580.

——Wiederbewaffnung als erzieherisches Problem. In: Neues Soldatentum 1 (1957). H.1, S.3–5.

——Goethe und die Generale der Freiheitskriege. Geist, Bildung, Soldatentum. Neue erweiterte Auflage. Stuttgart 1959a.

——Die Gefährdung der Freiheit durch ihre Verteidiger. In: Schicksalsfragen der Gegenwart. Handbuch politisch-historischer Bildung. Hg. Vom Bundesministerium für Verteidigung. Innere Führung. Bd.4: Nationale und übernationale Wirklichkeiten. Tübingen 1959b, S.349–381.

——Soldatische Tradition in der Demokratie. In: Die neue Gesellschaft 7 (1969). H.1, S.196–203.

——Lehrerbildung, Sozialpädagogik, Militärpädagogik. Ausgewählt und kommentiert von H. Gaßen. Weinheim 1990.

監訳者　あとがき

本著は、ドイツ・ブラウンシュヴァイク工科大学教授・同大学教授学センター所長(同大学前副学長)カール・ノイマン博士が来日中(二〇〇三年一〇月一〇日—一〇月二三日)に行った五回の講演を中心に編纂された論文集である。講演は、放送大学広島学習センターでの公開講演会を皮切りに、広島大学大学院教育学研究科、兵庫教育大学、鳴門教育大学での大学院生、学部生対象の講演やゼミナール形式の討論会、教育哲学会(於：京都大学)でのラウンドテーブルでの提言等、実に多様な形式と内容であった。

さて、本著『大学教育の改革と教育学』の内容については、著者自身が「まえがき」において言及されているのでそこに譲るが、表題について読者は、「大学教育の改革」(特に、大学教授法の改革を中心にした)と「教育学」が並列的に配置されているように思われよう。前者は、来日講演のテーマであり、後者は、すでに公刊されているノイマン博士の教育学に関する論考を監訳者が選択して編纂したのでこのような表題となった。だが、注意深く考察するとノイマン教育学には大学教育を含む「教育改革」が本質的なものとして浮かび上がってくるのである。考えてみると「教育」という営みには、本来的に「改革」とか「改善」とかの意図や実践が内包されているのである。このように解釈すれば、ノイマン教育学は、まさに、「大学教育の改革」を嚮導《きょう》する必然性を孕むものなのである。この点について、ノイマン教授の略歴を紹介して若干説明してみたい。

ノイマン教授は、一九三九年ドイツに生まれ、一九五九年から六五年にかけて、哲学、ドイツ学、歴史学、教育学をゲッチンゲン、ベルリン、及びヴィーンの各大学で修学、一九七二年、ボン大学で「カントの美的判断力批判」の研究で、哲学博士号を取得。一九七三年、ゲッチンゲン大学教育科学部助手、一九七八年、同大学教授、一九八三年、同大学教育科学部長(〜一九八五年)を歴任、その後、一九九五年、ブラウンシュヴァイク工科大学学校教育学及び一般教授学教授に就任。同時に、学校史研究所長及び同大学大学教授学能力センター所長(二〇〇〇年以降、ドイツ・ニーダーザクセン州大学教授学能力センター(KHN = Kompetenzzentrum Hochschuldidaktik für Niedersachsen)と改称)に就任、現在に至っている。この間、一九九九年から二〇〇一年まで、ブラウンシュヴァイク工科大学副学長にも就任、特に、継続(生涯)教育や国際連携教育を所管した。主要研究・教育分野は、就学前教育学、基礎学校教育学、一般教授学、継続(生涯)教育、及び大学教授学である。この無味乾燥と思われる略歴の記述からは、なかなかノイマン教育学の実態は見えてこないかもしれない。だが、どうしてゲッチンゲン大学からブラウンシュヴァイク工科大学に移転したのか(しかも学部長経験者が)、あるいはニーダーザクセン州大学教授学能力センターの所長に就任しているのか等を吟味してみるとノイマン教授の姿勢がわかる。最初の大学移転の問題——これには、基本的にドイツの大学が州立大学であることを理解しておかなくてはならない。そして、一九八〇年代、ドイツの教育科学部（教員養成学部）の大改革、再編が断行され、ニーダーザクセン州（州都は、ハノーファーで、ハノーファー大学、ゲッチンゲン大学、ブラウンシュヴァイク工科大学、リューネブルク大学、オルデンブルク総合制大学等がある）では、具体的にゲッチンゲン大学教育科学部とブラウンシュヴァイク工科大学教育学研究所の再編が行われ、その結果として、ノイマン教授の研究領域やその教育理論から移籍が行われたようだ。また、KHNの設立についても、教員の革新的構造センターとして、一大学のみならず、ニーダーザクセン州全体の教員再教育センターとして位置づけされ、機能しているのである。最近送られてきた同プログラムでは、ニューメディアを活用した検証と評価のより協同的なプログラムが教授活動においてなされ、いまやニーダーザクセン州全体を覆うバーチャル大学キャンパスを形成しているのである。そして今日、州を越え、学部をこえて、ブラウンシュヴァイク工科大学とドレースデン工科大学との建築技師の共同学習履修のためのマルチメディア教授・学習基盤の構築が試みられている。このようにノイマン教授は、自己の職場での体験から、教育学、とりわけ一般教授学の研究からドイツにおける高等教育機関の具体的な教授法の改革、つまり大学教育の教授法の制度的・内容的改革に着手することになったと考えてよかろう。その際、とりわけ注目したいのは、ノイマン教授の歴史研究の視点である。

三〇冊に及ぶ著書、編著のなかで研究対象は、おおよそ三分野に大別されよう。一つは、『ドイツ幼稚園の歴史』（全二巻、Geschichte des Kindergartens. Bd. I, II Freiburg 1987.）に代表される就学前教育の研究と人物研究としてのフレーベル研究、第二は、精神科学的教育学派の代表的人物であるE・ヴェーニガー(Weniger)の研究、そして第三に教育学の学理論にかかわる研究、具体的には、『教育科学の現在的構造』(Die gegenwärtige Struktur der Erziehungswissenschaft, Weinheim 1998.)、『改革と修復の間の教育学』(Pädagogik zwischen Reform und Restauration. Weinheim 2001. ——R. Uhle との共編著)や『科学の経済化——「市場」の原理による研究、教授、学習——』(Ökonomisierung der Wissenschaft. Forschen, Lehren und Lernen nach den Regeln des 'Marktes', Weinheim 2003. ——D. Hoffmann との共編著)等が挙げられよう。そしてこの三者に共通する視点として、豊かな批判的歴史的考察の立場がある。とりわけ、ヴェーニガー教育学の研究では、ナチズムに関わっての「軍隊教育学」の研究(『人間形成と軍隊——E・ヴェーニガーの軍隊教育学——』(Bildung und Soldatentum. Die Militärpädagogik Erich Wenigers und die 'Tradition der Erziehung zum Kriege. Weinheim 1992.))が注目されるし、その結果として「精神科学的教育学」の見直しも、われわれにとっては重い課題である(『精神科学的教育学の伝統と変質』('Tradition und Transformation der Geisteswissenschaftlichen Pädagogik. Weinheim 1993. ——D. Hoffmann との共編著)参照)。その他、ノイマン教授の業績として学術叢書の編纂三点と一二三の学術論文がある。

　最後に、私事にわたって恐縮であるが、ノイマン教授と私との出会いについて一言述べさせていただきたい。一九九六年五月一日から三日まで、第一回の日—独フレーベル会議が、当時のドイツ教育学会(DGfE = Deutsche Gesellschaft für Erziehungswissenschaft)会長D・レンツェン教授(現ベルリン自由大学長）の提言を受けて、幼稚園発祥の地、バード・ブランケンブルクで開催され、その折、ノイマン教授はドイツ教育学会就学前教育学委員会（DGfE-Kommission "Pädagogik der frühen Kindheit"）の委員長としてドイツ側を代表して出席、開会挨拶、司会等の役割を担われていた。私は、日本を代表して出席、発表やその役割を果たしたが、それ以来、本年開催の第五回フレーベル国際会議まで約十年間の研究交流を続けている（なお、「日-独フレーベル会議」については、日本教育学会編『教育学研究』第六三号第四号、一九九六年、四二六-四二七頁、「海外学会報告」を参照のこと）。この間、ブラウンシュヴァイク工科大学での国際会議等で度々お会いしたが、研究対象が私と共通しておりその研究スタイルに大変共鳴した。いやそれ以上に教授のもつ研究者としての姿勢に強く惹かれるものがあり、一日も早い来日を希望していた。この間、教授は、子ども問題史や大学教授法の専門家としてフランス、イタリアさらには北欧の各大学から招聘され、講義や講演をされており、二〇〇二年にはドイツ外務省の派遣として、中国の上海にまで足を運ばれた。色々な都合から、来日が遅れてしまったのであるが、今回、われわれの招聘にドイツ学術振興会（DFG ＝ Deutsche Forschungsgemeinschaft）が応えてくれて教授の来日が実現した。あらためて、ドイツ学術振興会に深甚なる敬意を表したい。ただ、当初の計画では、四週間程度滞在され、首都圏の大学での講演も予定されたが、ご家庭の都合で、急遽帰国される事になり短期間の滞在となった。学生時代に第三外国語にヤパノロギー（日本語学）を選択されたそうで、日本の文化には強い関心を払われていた。その意味でも再度来日され、時間をかけて日本の文化や教育について触れていただければと念願している。

末尾になったが、本書の刊行は、ノイマン講演会での通訳から今回の翻訳原稿の完成に至るまで、献身的にご尽力いただいた共訳者の方々、そして出版事情のきびしい中、その刊行をお引き受けいただいた、東信堂、下田勝司氏のご好意によるものであり、深甚の感謝を捧げる次第である。

二〇〇四年七月

監訳者の一人

小笠原道雄

Universitäre Bildung

——Perspektiven ihrer Reform und Pädagogik——

von Karl Neumann (Technische Universität Braunschweig)

TOSHINDO Verlag, Tokyo, 2005

Inhaltsverzeichnis

EINLEITUNG

Mit der ganzen Bandbreite der Natur-, Geistes-, Sozial- und Technikwissenschaften ist das universitäre Wissenschafts- und Ausbildungssystem—und dabei auch die Pädagogik als Disziplin—in einem Ausmaß in den Mittelpunkt des öffentlichen Interesses geräckt, wie es noch vor wenigen Jahrzehnten kaum vorstellbar gewesen wäre. In einer komplexen rekursiven Kopplung der Verwissenschaftlichung der Politik und der Politisierung der Wissenschaft, in einem Prozess, der durch ein neues Verhältnis zwischen Politik, Wirtschaft, Wissenschaft und Medien noch beschleunigt wird, werden Politik und Wirtschaft verwissenschaftlicht, Ethik, Moral und soziale Werte Gegenstand wissenschaftlicher Diskurse.

Dabei hat das Voranschreiten der ökonomischen Globalisierung auch das Wissenschaftssystem bis in seine Grundlagen hinein erfasst. Die Wissenschaft hat sich zu dem am schnellsten wachsenden Teilsystem der modernen Gesellschaften entwickelt. Wissenschaft wird als der zentrale Faktor der Transformation der Industriegesellschaft zur Wissensgesellschaft gesehen. Unter dem Aspekt ihrer wirtschaftlichen Verwertbarkeit droht die Wissenschaft dabei nurmehr als Lieferant ökonomischen Wachstums von gesellschaftlichem und politischem Interesse zu sein. Neben dem Wahrheitskriterium der Wissenschaft ist zunehmend das Innovationskriterium in den Vordergrund geräckt.

Innovation als zentrale ökonomische Kategorie, mit der die Anpassung von Organisationen, Systemen und Menschen an wirtschaftliche Erfordernisse erfasst und legitimiert werden soll, ist seit der gleichen historischen Epoche zur politökonomischen

Leitvorstellung avanciert, in der auch das Humboldtsche Konzept universitärer Bildung entstand. Seit dem 19. Jahrhundert ist unbestritten, dass dem Bildungs-, insbesondere dem Hochschulsystem eine Schlüsselrolle in der Innovationspolitik zukommt. Heftig umstritten aber ist inzwischen angesichts zunehmender Zwänge des Marktes auch im Bildungssystem, ob die Hochschulen mit ihrem überlieferten Bildungskonzept noch in der Lage sind, die erforderliche Kompetenz zur Innovation, im Sinne der Vermittlung von theoriegeleiteter Handlungskompetenz für die Ausübung von Berufstätigkeit mit hoher Verantwortungsfähigkeit ebenso wie dauerhafter Flexibilität, bereit zustellen.

Die zunehmende Notwendigkeit lebenslangen Lernens und die Planungsunsicherheit über die Lerninhalte und—formen bei beschleunigter Innovationsdynamik im Wirtschafts—und Gesellschaftssystem haben weitreichende Folgen für die Gestaltung von Bildungsprozessen, in der Erstausbildung, insbesondere aber die Gestaltung von Weiterbildungsprozessen mit sich gebracht, so dass Weiterbildung geradezu als Schnittstelle der Innovation im Wirtschafts—und Wissenschaftssystem gesehen werden kann. Den Lernproblemen, wie sie heute von technischen und betrieblichen Innovationsprozessen ausgelöst werden, ist nur mit einer neuen Lernkultur offener, selbstregulierter (Weiter) Bildungsprozesse erfolgreich zu begegnen. Innovative Bildung muss davon ausgehen, dass neben der Wissens—und Könnensvermittlung in formellem Lernen Kompetenzentwicklung durch informelles bzw. Erfahrungslernen erfolgt, um theoretisch—fachliche Handlungskompetenz und Berufsfähigkeit zu optimieren. Hier tun sich erhebliche Herausforderungen für eine Reform der Hochschulsysteme, insbesondere ihrer Weiterbildungskonzepte, auf. Gleichzeitig bleibt die traditionelle Bildungsidee insofern relevant, als sie unverzichtbar ist für eine

kritische Selbst—und Standortbestimmung der lernenden Subjekte, also das Bewusstsein dafür, dass nicht alles, schon gar nicht ein selbstbestimmter, kritischer Lernprozess, nach dem Prinzip ökonomischen Austauschs verfügbar bzw. herstellbar ist.

Immer noch ist das universitäre Wissenschaftssystem der ausgezeichnete Ort, an dem nicht nur innovatives Wissen in beschleunigtem Maße produziert wird, sondern auch der paradoxe Charakter sog. innovativen Wissens kritisch reflektiert werden kann. Denn hier geht es nicht allein um anwendungsbezogene Lernprozesse als Produktionsmittel oder verwertbares Eigenkapital, d.h. um die Gewinnung eines zweckrationalen Verhältnisses zum erworbenen Wissen und Können, sondern immer auch um subjektive Bedeutungsstiftung. Ein ausschließlich dem Innovationspostulat verpflichteter (Selbst) Lernprozess droht nämlich dann in sich selber widersprüchlich oder sogar destruktiv zu werden, wenn unter dem Gesichtspunkt alsbaldiger Verwertbarkeit das Gelernte zugleich relevant oder gleichgültig sein kann.

In einem leidenschaftlichen Plädoyer für die "unbedingte Universität" hat JACQUES DERRIDA 1998 in seinen Vorlesungen an der Stanford Universität auf die "Ohnmacht" und "Hilflosigkeit" der Universität hingewiesen, "mit der sie sich gegen jene Mächte zur Wehr setzt, die über sie verfügen, sie belagern und sie einzunehmen trachten", und diesen Hinweis mit der Forderung nach einem gesellschaftlichen Ort verbunden, an dem der "Begriff des Menschen", "die Figur der Menschheit und Menschlichkeit im allgemeinen" immer wieder "neu" gedacht werden kann und muss, um Menschlichkeit nicht in ökonomischer Perspektive im Attribut 'Employability' verschwinden zu lassen.

Nicht zuletzt die Pädagogik als universitäre Disziplin, die in letzter Zeit selber in immer stärkerem Maße die Elemente von Managementtheorien in ihre Konzepte aufgenommen hat, muss auf ihre Weise zu einer ausgewogenen Balance zwischen Wissensproduktion, theoriegeleiteter Berufsvorbereitung und Bildung im Wissenschaftssystem beitragen. Sie muss ihre Expertise zur Evaluation und nachhaltigen Qualitätssicherung von Lehre und Studium einbringen, im engeren Sinne durch didaktische Weiterbildung des Hochschullehrpersonals, im weiteren Sinne durch curriculare Vorschläge zur Didaktik der Lerninhalte und—formen, insbesondere auch im Bereich der überfachlichen oder Schlüsselqualifikationen als einem Kernmodul hochschulischer Studiengänge.

In der breiten Diskussion über die Notwendigkeit einer Reform in allen Bildungsbereichen kommt dem Lernfeld Schlüssel-qualifikation en inzwischen eine zentrale Bedeutung zu. Wirtschafts- und Arbeitsmarktpolitik auf der einen, Wissenschafts—und Bildungspolitik auf der anderen Seite gehen dabei Hand in Hand. Kenntnisse, Fähigkeiten, Fertigkeiten, welche nicht unmittelbaren und begrenzten Bezug zu bestimmten praktischen Tätigkeiten erbringen, sondern die Eignung für eine große Zahl an Positionen und Funktionen als alternative Optionen zum gleichen Zeitpunkt sowie für die Bewältigung von (meist unvorhersehbaren) Änderungen von Anforderungen im Prozess lebenslangen Lernens ermöglichen, scheinen dringend erforderlich für die Bewältigung der offenkundigen Anpassungsprobleme zwischen Bildungs—und Beschäftigungssystem.

Bis heute gibt es zwar keine einheitliche Definition des Begriffs "Schlüsselqualifikationen", so dass immer wieder auch von einer 'Leerformel' gesprochen worden ist. Als Leitmotiv der Studienreform-

debatte hat sich dieser Lernzielbereich aber schon insofern fest etabliert, als neue Studiengänge an deutschen Hochschulen ohne ein entsprechendes Kernmodul zur Vermittlung von kognitiven, kommunikativen und sozialen Kompetenzen, von Persönlichkeitsmerkmalen wie Verantwortungsbereitschaft sowie von allgemeinem Basiswissen nicht mehr akkreditiert werden. Das traditionelle Humboldtsche Bildungsideal der deutschen Universität scheint auf den ersten Blick im Widerspruch zu einer modernen, praxisorientierten Ausbildung zu stehen. Angesichts des Bedeutungsgewinns von Schlüsselqualifikationen mit dem Kernelement selbst—und teamorganisierten Lernens ist aber sogar von einer "Renaissance Wilhelm von Humboldts" (ULRICH BECK) die Rede.

Darüber hinaus sollte die Pädagogik die Rolle übernehmen, nach ihren Möglichkeiten als Seismograph der Universität für Zukunftstrends in der geistigen Entwicklung der Gegenwart zu wirken, indem sie die Universität verstärkt zu einem Ort zu machen hilft, an dem über neue Deutungsmuster zur Orientierung in der modernen Welt nachgedacht werden muss. Sie muss deutlich machen, dass die Ermöglichung von Bildungsprozessen eine kreative und produktive Tätigkeit ist, die im Wechselspiel von Vergesellschaftung und Individuation jene fundamentalen humanen Kompetenzen entstehen lässt, die die Basis nicht nur für jedes schulische und berufsbezogene Lernen und den Erwerb von Wissen bilden, sondern für alle spätere Tätigkeit und damit auch für ökonomisches Handeln. Ein ökonomisches Handeln, das sich nur an der eingeschränkten Logik der Steigerung seiner eigenen Effizienz orientiert, gefährdet diese Bildungsprozesse und damit seine eigenen Voraussetzungen. In diesem Sinne muss universitäre Erziehung junge Menschen für ein humanes Leben orientieren. In diesem Sinne kann Pädagogik ein gegenwärtig zentrales Thema, den Umgang mit Zeit, kritisch

reflektiert vermitteln, indem sie nicht allein einstimmt auf eine ökonomische Nutzung der Zeit, sondern auch auf eine Ökologie der Zeit als Gestaltung der Zeit für eine humane Zukunft. Schließlich sollte die Pädagogik immer auch offen sein für eine kritische Analyse eigener Irrwege bei der Bereitstellung von Orientierungswissen, wie es beispielhaft deutlich werden kann mit einer Reflexion der eigenen Rolle bei der Ausformulierung militärpädagogischer Konzepte im Rahmen der Geisteswissenschaftlichen Pädagogik im Zusammenhang des Ersten und Zweiten Weltkriegs, dabei sich selber immer prüfend am Maßstab des selbst auferlegten Postulats: "Bildung ist der Zustand, in dem man Verantwortung übernehmen kann" (ERICH WENIGER).

Die in diesem Band zusammengestellten Arbeiten kommen, auf thematisch verschiedenen Zugangswegen, zusammen in dem systematischen Schnittpunkt des Versuchs einer bildungstheoretisch begründeten Verbindung von Tradition und Modernisierung für eine zukünftige Gestaltung des universitären Bildungssystems, das auf seiner Autonomiefunktion nach wie vor besteht. Dabei werden, insbesondere auch in den Bereichen der Geistes- und Erziehungswissenschaften, in Anerkennung eines tatsächlichen Reformbedarfs die Chancen einer akzeptablen Ökonomisierung akademischer Ressourcen ebenso ausgelotet wie ihre Grenzen. Relevanz—bzw. Legitimationskriterium für zukunftsorientierte universitäre Bildung kann nicht eine letztlich vom Markt her bestimmte Optimierung der "Employability" sein, sondern nur die Tradition kritisch-emanzipatorischer Bildung und damit die Verpflichtung auf ein philosophisch-päadagogisches Paradigma, die sich nicht nur in der deutschen, sondern auch in der japanischen Universitätspädagogik auf einen langen, auch in direktem gegenseitigen Austausch entwickelten Diskurs stützen kann.

Der Deutschen Forschungsgemeinschaft und den Leitungen der Universitäten in Hiroshima, Kyoto, Hyogo und Naruto, die es, auf Initiative des Präsidenten der Fernuniversität Hiroshima, Herrn Professor Michio Ogasawara, durch großzügige finanzielle Unterstützung ermöglicht haben, im Rahmen eines zweiwöchigen Vortrags—und Forschungsaufenthaltes im Herbst 2003, diesen in zahlreichen kollegialen Kontakten in Deutschland und Japan entwickelten Diskurs intensiv vor Ort fortsetzen zu können, bin ich zu großem Dank verpflichtet. Eine besondere Ehre und Freude für mich war das aus den Vorträgen und Gesprächen erwachsene Angebot, vom TOSHINDO-Verlag positiv aufgenommen, einen Sammelband mit eigenen Arbeiten zu zentralen Herausforderungen und Themenfeldern gegenwärtiger universitärer Pädagogik in Deutschland herauszubringen. Allen am Zustandekommen dieses Werkes beteiligten japanischen Kolleginnen und Kollegen gilt mein herzlicher Dank: Herrn Professor Michio Ogasawara als dem tatkräftigen Mentor des Gesamtunternehmens, Herrn Professor Jun Yamana, Frau Professorin Mariko Kobayashi, Herrn Professor Natsuki Shirokane, Herrn Professor Yoichi Kiuchi, Herrn Wissenschaftlichen Assistent Tatsuya Ozeki und Herrn Professor Takanobu Watanabe für die gewiss sehr mühsame Übersetzungsarbeit, den beiden letztgenannten Kollegen zugleich für ihre äußerst umsichtige Betreuung während meines Aufenthaltes in Japan, sowie Herrn Professor Masaki Sakakoshi, der nicht nur für die Organisation meiner Reise in Japan die Verantwortung, sondern auch für die Abschlussredaktion des Bandes Sorge trug.

訳者

小笠原道雄(Michio Ogasawara)　おくづけ参照
［まえがき、あとがき］

坂越正樹(Masaki Sakakoshi)　おくづけ参照

渡邊隆信(Takanobu Watanabe)　兵庫教育大学助教授
［第1・6章］

木内陽一(Yoichi Kiuchi)　鳴門教育大学教授
［第2章］

大関達也(Tatsuya Ozeki)　広島大学大学院教育学研究科助手
［第3章］

白銀夏樹(Natsuki Shirokane)　広島文化短期大学講師
［第4章］

小林万里子(Mariko Kobayashi)　福岡教育大学助教授
［第5章］

山名　淳(Jun Yamana)　東京学芸大学助教授
［第7章］

著者
カール・ノイマン(Karl Neumann)
1939年、ドイツ生まれ。ゲッチンゲン、ベルリン、ウィーン大学で哲学、ドイツ学、歴史学、教育学を修学。1972年、ボン大学で哲学博士号を取得。1973年、ゲッチンゲン大学教育科学部助手、のち教授、教育科学部長。1995年、ブラウンシュバイク工科大学学校教育学及び一般教育学教授。同年、大学教授学センター長。2001年、ニーダーザクセン州産学共同センター長。『ドイツ幼稚園の歴史』(1987年)、『人間形成と軍隊—E. ヴェーニガーの軍隊教育学—』(1992年)、『科学の経済化—「市場」原理による研究、教授、学習—』(2003年)ほか、多数の著書、論文がある。

監訳者
小笠原道雄(Michio Ogasawara)
放送大学教授、広島大学名誉教授、教育哲学・教育思想。

坂越正樹(Masaki Sakakoshi)
広島大学大学院教育学研究科教授、教育哲学・教育思想。

Universitäre Bildung
—Perspektiven ihrer Reform und Pädagogik—

大学教育の改革と教育学
※定価はカバーに表示してあります。

2005年4月30日　初　版第1刷発行　〔検印省略〕

監訳者©小笠原道雄・坂越正樹／発行者 下田勝司　印刷・製本／中央精版印刷

東京都文京区向丘1-20-6　郵便振替00110-6-37828　発行所
〒113-0023 TEL (03)3818-5521 FAX (03)3818-5514 株式会社 東信堂
Published by TOSHINDO PUBLISHING CO., LTD.
1-20-6, Mukougaoka, Bunkyo-ku, Tokyo, 113-0023, Japan
E-mail : tk203444@fsinet.or.jp http://www.toshindo-pub.com/

ISBN4-88713-603-X C3037